नम्बर ५७ स्क्वाड्रन

नम्बर 57 स्क्वाड्रन

स्वदेश दीपक

वाणी प्रकाशन

प्रकाशन के उत्कृष्टतम 61 वर्ष

पेपरबैक पहला संस्करण : 2024

vaniprakashan.com

वाणी प्रकाशन

4695, 21-ए, दरियागंज, नयी दिल्ली-110 002

फ़ोन : +91 11 23273167, 23275710

शाखाएँ

अशोक राजपथ, पटना-800 004, बिहार

कॉफ़ी हाउस कैम्पस, महात्मा गांधी मार्ग, प्रयागराज-211 001, उत्तर प्रदेश

महात्मा गांधी अन्तरराष्ट्रीय हिन्दी विश्वविद्यालय, वर्धा-442 001, महाराष्ट्र

36/ए, शेक्सपियर सरणी, रानी बिरला गर्ल्स कॉलेज के पास, कोलकाता-700 017, प. बंगाल

sales@vaniprakashan.in

vaniprakashan@gmail.com

Number 57 Squadron

by Swadesh Deepak

ISBN : 978-93-5775-605-1

Novel

मूल्य : ₹ 150

जी.एस. ऑफ़सेट, दिल्ली-110 095 में मुद्रित

वाणी प्रकाशन का लोगो मक़बूल फ़िदा हुसेन की कूची से

फ्लाइट लेफ़्टिनेंट शर्मा सुबह सात बजे ही वायुसेना स्टेशन के अन्दर पहुँच गया। कल रात को दो बजे की गाड़ी से वह यहाँ पहुँचा था। रात अफ़सर मेस के कमरे में ही व्यतीत की थी। उसने उड़न–वर्दी पहनी हुई है और सिर पर पहनने का लोहे का टोप बगल में दबा रखा है। पहले वह मिस्टीयर विमान उड़ाता था, फिर उसने सुखोई–7 उड़ाने का प्रशिक्षण प्राप्त किया और उसकी यहाँ छावनी में बदली हो गयी। एक स्क्वाड्रन से दूसरे में बदली हो तो कुछ दिनों का समय मिलता है, परन्तु युद्ध किसी भी समय आरम्भ हो सकता है, इसलिए उसे दूसरी सुबह ही यहाँ रिपोर्ट करने की आज्ञा मिली थी।

उसने एक वायुसैनिक को रोक कर नम्बर 57 स्क्वाड्रन के हैंगर का रास्ता पूछा। वायुसैनिक समझ गया कि कोई नया अफ़सर आया है। सरसरी ढंग पर सैल्यूट किया और "उस तरफ़, सर" कह कर आगे बढ़ गया। वह जानता है कि वायुसैनिक जहाँ तक बन सके, नये अफ़सरों को कम ही सैल्यूट देते हैं। उसके होंठों पर हल्की–सी मुस्कान आ गयी। आज दोपहर तक सब जान जायेंगे कि फ़्ला. ले. शर्मा इस जगह पहुँच गया है।

वह नम्बर 57 स्क्वाड्रन के नाम के बोर्ड के आगे थमा और फिर लम्बे–लम्बे क़दम रखता हुआ स्क्वाड्रन के कार्यालय में दाख़िल हो गया, जहाँ उसे नियमानुसार अपने पहुँचने की रिपोर्ट देनी है। उसने घड़ी पर नज़र डाली। पूरे साढ़े सात बजे थे। सर्दियों में पश्चिमी क्षेत्र के वा. से. स्टेशनों पर 7.30 से 1.30 तक कार्य होता है।

कार्यालय सार्जेंट ने उठकर उसे सैल्यूट किया। सार्जेंट की वर्दी पर लिखा नाम उसने पढ़ा–स. रामन। दक्षिण भारत से है। सार्जेंट ने उसका अंग्रेज़ी में इस स्क्वाड्रन में बदली पर स्वागत किया। वायुसेना में अभी तक सरकारी भाषा अंग्रेज़ी ही है। उसने जवाब में मुस्करा भर दिया। फिर सार्जेंट ने उसकी आँखों में देखा। कितनी बड़ी हैं, और भावनाहीन। उसके बाल माथे पर आये हुए हैं, जिन्हें वह बड़े मशीनी ढंग से थोड़ी–थोड़ी देर

बाद पीछे करता है। फिर उसने उसकी वर्दी पर लगे रिबन पर निगाह डाली। नागालैण्ड, नेफ़ा और 65 के भारत–पाक युद्ध के रिबन हैं। सार्जेंट ने उसे बैठने को कहा।

"नहीं, ठीक है, मेरी पहुँच रिपोर्ट पर फार्म भर दो।" सार्जेंट ने फार्म भर कर उसके सामने रख दिया। उसने हस्ताक्षर कर दिये।

"सर, आप खुद सब विमानों में जायेंगे, ताकि सबको आपके यहाँ पहुँचने का पता चल जाये। ऐसा नियम है।"

एक क्षण के लिए उसकी आँखों में तनाव आ गया।

"मैं नियम जानता हूँ। किसी को भेज दो। और क्या विंग–को. (विंग–कमांडर) आ गये हैं? मैं उनसे मिलना चाहता हूँ।"

सार्जेंट ने फ़ोन उठा कर आफ़िसर कमांडिग से बात की। फिर बताया, "यस सर, यू कैन गो इन।"

वह अन्दर चला गया। क्लर्क–वायुसैनिक, जो कार्यालय में टाइपिंग का काम करता था, बोला–

"सार्ज, वह एक्टरों की तरह हैंडसम है।"

"शट–अप। अपना काम करो। और सुनो, पिक्चरें कम देखा करो। यह एयर–फोर्स का सिनेमा हॉल नहीं। वह एक्टर नहीं। ही इज़ किलर।" वायुसैनिक मन–ही–मन मुस्कराया और टाइप करने लग गया। वह जानता है, सार्जेंट फ्ला. ले. का गुस्सा उस पर उतार रहा है।

विंग कमांडर ने उससे हाथ मिलाकर वेलकम किया। वह यहाँ आने से पहले विंग कमांडर धावन के बारे में जान चुका है। अनुशासन के मामले में विंग कमांडर एक हौवा और टैरर हैं। उसके पिछले स्क्वाड्रन के कई अफ़सर धावन के नीचे काम कर चुके हैं और शर्मा को पहले ही चौकस कर दिया है। धावन ने 1965 के युद्ध में वीर चक्र प्राप्त किया था।

विंग–को. उसकी निजी फ़ाइल को पढ़ रहा है। पिछले ओ.सी. की रिपोर्ट है कि शर्मा एक अच्छा वैमानिक है, लेकिन इसे ज़रा दबाकर रखना ही ठीक है। विंग कमांडर मुस्कराया। बड़े–बड़े बास्टर्ड यहाँ उसके नीचे आ कर ठीक हो जाते हैं।

विंग कमांडर के फ़ोन की घण्टी बजी। उसने फ़ोन उठाकर सुना, नीचे रख दिया और 'डैम–इट' कह कर सिगरेट लगाया। फिर कुछ सोच कर डिब्बी शर्मा के आगे कर दी।

"सर, मैं स्मोक नहीं करता।"

"आज शाम तक ज़रूर करने लगोगे–विंग कमांडर ने मन–ही–मन कहा। ओ.सी. ने देखा कि शर्मा ने उड़न–वस्त्र पहन रखे हैं और फिर बोला–

"मेडिकल अफ़सर का फ़ोन था। फ्ला. अफ़ गाँगुली ज़रा बीमार है। उसे आज मेरे साथ नम्बर दो ही जगह उड़ान करनी थी। ओ.के., यू आर माई नम्बर टू। दस मिनट में हम फ़्लाई करेंगे।" और विंग कमांडर बाहर आ गया।

वायुसैनिक दो सू–7 विमानों को हाथों से धकेलकर हैंगर से बाहर निकाल कर मैदान में ले आये हैं। थोड़ी–थोड़ी धूप चारों ओर फैल रही थी। विमान के ठण्डे लोहे की सर्दी वायुसैनिकों के हाथों में चाकू–सी खुभी जा रही है। वे बार–बार वर्दी पर हाथ रगड़कर इन्हें साफ़ कर रहे थे।

तकनीकी सार्जेंट विमानों को चेक कर रहा था। वा. सैनिक कपड़े के टुकड़ों से विमानों को इस प्रकार चमका रहे थे जैसे वह उनकी प्रेमिका हो। विंग कमांडर और फ्ला. ले. शर्मा लोहे के टोप पहन कर जहाजों के नज़दीक पहुँच गये। तकनीकी सार्जेंट को पता था कि ओ.सी. के साथ आज गाँगुली को उड़ान भरनी थी। सी.ओ. ने कहा–

"गाँगुली बीमार है। शर्मा मेरे साथ जायेगा।"

दोनों अपने–अपने विमान पर बैठ गये। चमड़े की पेटियों के साथ अपने को सीटों के साथ बाँध लिया। विमान धीरे–धीरे चलकर उड़न–पट्टी की ओर बढ़ने लगे। तकनीकी सार्जेंट ने कारपोरल से कहा, "शर्मा आज ही आया है और विंग कमांडर के साथ उड़ान पर जा रहा हैं गॉड सेव हिम फ्राम विंग कमांडर।"

उड़न–पट्टी के आरम्भ में ख़तरे की लाल झण्डी लटक रही है। थोड़ी देर के लिए सब यातायात बन्द हैं। अब दोनों वैमानिकों का सम्बन्ध नियन्त्रण–कक्ष से स्थापित हो चुका है। कंट्रोल रूम से मौसम के बारे में तथा अन्य आवश्यक सूचनाएँ इन दोनों वैमानिकों को दी जा रही हैं।

"टी फॉर टाइगर। धुन्ध थोड़े मिनटों में छँट जायेगी। यू आर क्लीयर फ़ॉर फ़्लाइंग। गॉड गुड लक।"

विंग–को. का विमान उड़ान भरकर आकाश में पहुँच गया है। शर्मा ने विमान को ब्रेकें लगाये रखकर उसकी गति को बढ़ाया और नि. कक्ष से

आज्ञा मिलने पर उसने ब्रेकें छोड़ी दीं। विमान बन्दूक की गोली की गति से आगे बढ़ा, टायरों ने उड़न–पट्टी पर रगड़ खायी, चिंगारियाँ निकलीं और आधी उड़न–पट्टी पार करके उसका नाक ऊपर उठ गया।

अब विमान बड़ी तेज़ी से ऊँचाई प्राप्त कर रहा है, लेकिन ऑक्सीजन मॉस्क लगाये होने के कारण शर्मा को साँस लेने में कोई परेशानी नहीं हो रही। उसे थोड़ी ठण्ड लग रही है। फिर चालीस मिनट की इस रूटीन–उड़ान के लिए वह बड़े आश्वस्त ढंग से बैठ गया। अब विंग कमांडर उससे बात कर रहा है।

"नम्बर दो, टी फॉर टाइगर कॉलिंग, क्या तुम ठीक हो?"

"यस सर।"

"कम ऑन। एक मील शत्रु क क्षेत्र के अन्दर चलें। इनके राडार–ऑपरेटरों को मुफ़्त की रोटी नहीं खानी चाहिए।"

शर्मा जानता है कि इस प्रकार शत्रु के क्षेत्र में जाना नियम–विरुद्ध है, परन्तु जब तक शत्रु के राडार पर विमान प्रकट हो, पकड़ा जाये तब तक यह चक्कर काट कर अपने क्षेत्र में लौट आयेंगे। यह चोर–पुलिस का खेल तो चलता ही रहता है। पाकिस्तान के विमान कई बार इसी प्रकार तंग करने और तमाशा देखने की प्रवृत्ति से भारतीय वायुसीमा का उल्लंघन करने आये हैं।

"नम्बर–टू, अब हम शत्रु–क्षेत्र में पहुँच रहे हैं। तुम बिल्कुल मेरे पीछे रहो। बहुत अन्दर नहीं जाना है। लेट अस गिव देम ए स्कैयर।"

नम्बर दो सदा नम्बर एक के पीछे रहकर उसकी रक्षा करता है ताकि शत्रु का विमान पीछे से आक्रमण न कर दे। आकाश–युद्ध में व्यूह–रचना का महत्त्व अधिक है, व्यक्तिगत वीरता दूसरे स्तर पर आती है।

वह बहुत नीचे उड़ान भरकर, ताकि शत्रु–राडार पर न आयें, शत्रु–सीमा में प्रवेश कर गये हैं। अपने राडार स्टेशन से उन्हें चेतावनी मिलती है और वे सरगोधा वायु स्टेशन के ऊपर से गोलाकार उड़ान भर कर अपने क्षेत्र में वापस आ गये हैं।

"नम्बर टू। युद्ध हुआ तो सबसे पहले हम यहीं आयेंगे।"

"यस सर।" शर्मा ख़ुश है कि विंग कमांडर थोड़ा–बहुत अनुशासन भंग कर लेता है।

"नम्बर टू, हो सकता है, पाकिस्तान सरकार प्रोटेस्ट करे। परन्तु हम मानेंगे नहीं कि उनके क्षेत्र में गये हैं। वी आर पीस–लविंग चैप्स।" और शर्मा को इयर–फ़ोन में विंग कमांडर की हँसी सुनायी दी।

अब वे अपने अड्डे पर वापस पहुँच गये हैं। विंग कमांडर के विमान ने एकदम नीचे ड्राइव किया। शर्मा इस तरह से व्यूह तोड़ने पर थोड़ा चकित हुआ।

"नम्बर टू, यू गेट ऑन माई टेल। तुम मेरे शत्रु हो। कम ऑन।"

शर्मा जानता है, विंग कमांडर का विमान कुछ क्षणों में उससे कई मील दूर जा चुका है और अब अर्धगोलाकार ढंग से उड़ रहा है। पहले उसे विमान नीचे लाना पड़ेगा, फिर विंग कमांडर के विमान के पीछे लगना पड़ेगा और तब तक विंग कमांडर का विमान नीचे उतरने की तैयारी करने लगेगा। पीछा करना उतना ही व्यर्थ है जितना कुत्ते का अपनी ही दुम के पीछे भागना।

प्रशिक्षण–केन्द्र में उड़न–प्रशिक्षक ने उसे बताया था कि शत्रु–वैमानिक के पैंतरों पर ठण्डे दिल से सोचो, अपना दिमाग़ ठण्डा रखो और कोण से उस पर आक्रमण करो, जिसकी वह कल्पना न कर सके। अब उसके शरीर की प्रत्येक इन्द्री सिमट कर उसकी आँखों में आ गयी है। वह भूल गया है कि यह नकली आकाश–युद्ध है। केवल एक लक्ष्य है—–शत्रु–विमान को मार गिराना। वह बहुत तेज़ी से अपने विमान को ऊपर लिये जा रहा है। विंग कमांडर का विमान वा.से. स्टेशन के ऊपर उड़ रहा है। उसने और ऊँचाई प्राप्त की और नीचे की ओर झपटा मार दिया। शरीर का सारा रक्त सिर में आकर धधक रहा है। विमान नीचे लपका–झपटा जा रहा है। अड्डे के ऊपर तीन सौ फुट की ऊँचाई पर पहुँच गया है। क्षणांश के लिए लगा कि विमान नीचे धँसता जायेगा, फिर वह सीधा उड़ने लग पड़ा। वह अब विंग कमांडर के विमान से बिल्कुल पीछे है। कहीं अगर शत्रु विमान हो तो बस गोली चलाने वाले लाल बटन पर उँगली दबाने की देरी थी।

"आई एम ऑन यूअर टेल, सर।" उसने नम्बर एक को सूचना दी।

इतना नीचे अड्डे पर उड़ने के कारण हैंगरों की टीन की बनी छतें ज़ोरों से झनझना उठी हैं। वायुसैनिक तथा अन्य काम करने वाले भाग

कर बाहर आ गये हैं। सबको लगा था, जैसे विमान क्रैश कर जायेगा। ग्रुप–कैप्टन जो स्टेशन कमांडर है, फ़ोन उठा कर पूछता है–

"इतना नीचे स्टेशन पर किसने ड्राइव किया?"

"सर, फ्ला. ले. शर्मा नम्बर 57 स्क्वाड्रन।" जवाब मिला।

"आई विल टीच हिम ए लेसन ऑफ हिज़ लाइफ। उसे अपने विंग कमांडर के साथ यहाँ रिपोर्ट करने को कहो।" उन्होंने फ़ोन पटक कर वापस रख दिया।

विमान नीचे आ चुके हैं। विंग कमांडर बाहर निकलता है। गुस्से के कारण उसकी आँखें लाल हैं। वह शर्मा के विमान से बाहर आने की प्रतीक्षा कर रहा है। तकनीकी सार्जेंट कपिल से कहता है–

"शर्मा को पता होना चाहिए कि स्टेशन पर इतना नीचे ड्राइव करना बहुत बड़ा क्राइम है। विमान क्रैश कर जाये तो करोड़ों रुपये मिट्टी में मिल जायें। विंग–को. विल ईट हिम अलाइव।"

शर्मा विमान से बाहर आ गया है। उसने टोप उतारकर बगल में दबा लिया है। विंग कमांडर दो क़दम में उसके पास पहुँच जाता है। उसकी ओर देखे जा रहा है। शर्मा सावधान की मुद्रा में खड़ा है। आसपास खड़े वायुसैनिक जानते हैं, अभी विंग कमांडर गरजेगा और हवा में स्टेनगन की गोलियाँ चलने की आवाज़ फैल जायेगी।

"यू आर मैड? क्रेज़ी? तुम्हें फ्ला. ले. किसने बनाया है? मैं तुम्हारे रिबन वर्दी से खींच कर गन्दी नाली में फेंक दूँगा। तुम जानते नहीं, अड्डे पर इतना नीचे ड्राइव करना जुर्म है? मुझे समझ नहीं आता, तुम्हें वायुसेना में चुना कैसे गया? तुम्हें तो बैलगाड़ी चलानी चाहिए। ग्रुप कैप्टन को जवाब तुम दोगे या मैं? मैं तुम्हारा कोर्ट मार्शल करवाऊँगा। यूअर नैक विल बी इन द शूज़। कुछ बोलते क्यों नहीं? डोंट बी ए डम्ब बास्टर्ड।"

शर्मा विंग–को. की गालियाँ ख़त्म होने की प्रतीक्षा कर रहा है।

"सर, आपने मुझे अपने पीछे लगने की आज्ञा दी थी। एण्ड आई गॉट ऑन यूअर हे टेल।"

"कम इन माई ऑफिस।" और फिर विंग–को. ने धीमे–से कहा, "दिस बास्टर्ड इज़ ए किल्लर।"

दोनों विंग–को. के कार्यालय में पहुँच गये। सार्जेंट ने फ़ोन पर सूचना दी–

"सर, सी.ओ. आपसे बात करना चाहते हैं।"

"ओके, पुट मी ऑन द लाइन, सार्ज़।"

विंग–को. ने सी.ओ. को फ़ोन पर बताया कि वह उनके पास आ रहा है, सारी बातें वहीं करेंगे। विंग कमांडर ने फ़ोन नीचे रख दिया। सिगरेट जलायी। शर्मा को बैठने का संकेत किया। शर्मा थोड़ी देर सिगरेट के धुएँ को देखता रहा, फिर बोला, "सर, मैं एक सिगरेट पी सकता हूँ?"

विंग–को. ने डिबिया आगे कर दी। विंग–को. जानता था शर्मा आज शाम तक सिगरेट पीना शुरू कर देगा। उसकी बात सच निकली। वह मुस्करा दिया।

"शर्मा, कल भी तुम मेरे नम्बर दो होगे।"

वह आज सुबह से पहली बार मुस्कराया। वह जानता है, कोर्ट मार्शल एक धमकी ही थी। विंग–को. सी.ओ. से उसे बचा लेंगे। उसे पता है, आज वायुसैनिकों के प्रत्येक मेस में उसका चर्चा होगा। कल से सब बड़ी चुस्ती के साथ सैल्यूट देंगे। उसका सोचना ठीक था। आज दोपहर तक सबको पता चल जायेगा कि फ्ला. ले. शर्मा यहाँ पर पहुँच गया है।

"युद्ध आरम्भ हो गया है। विवेकहीन शत्रु ने एक सभ्य समाज के मानव मूल्यों के प्रति घोर घृणा प्रकट की है। हमारे देश को युद्ध में धकेल दिया है। यह युद्ध तीसरी बार हो रहा है। आने वाली पीढ़ियों के प्रति हमारा यह कर्तव्य है कि हम शत्रु की युद्ध मशीनरी को नष्ट कर दें, जिसने सदा भारत की शान्ति भंग की है। हम वहाँ पर आक्रमण करने के लिए स्वतन्त्र हैं, जहाँ शत्रु का अधिक से अधिक नुकसान हो। हमारे विमानों के तूफ़ानी आक्रमण और वैमानिकों का साहस शत्रु के लिए प्रलय बन जायेगा। अन्तिम विजय हमारे ही महान देश की होगी।"

–एयर मार्शल एम. एम. इंजीनियर,
एयर अफ़सर कमांडिग इन चीफ़
पश्चिमी कमान

3 दिसम्बर सायंकाल। छः बजने में थोड़े मिनट बाक़ी थे। नम्बर 57 स्क्वाड्रन के ओ.सी. विंग कमांडर धावन के घर फ़्लाइट लेफ़्टिनेंट शर्मा

थोड़ी देर पहले ही पहुँचा था। दोनों गिलासों में रम के घूँट भर रहे थे। मिसेज़ धावन पास बैठी स्वेटर बुन रही थीं। तभी शान्त वातावरण के कलेजे को सायरने की 'हुआं, हुआं...' की आवाज़ों ने बेध डाला। पहला सायरन वा.से. स्टेशन का बजा, फिर छावनी क्षेत्र और रेलवे स्टेशन के आसपास के सायरन भी बज उठे। सारा शहर यकायक अँधेरे में डूब गया। यातायात, मोटर गाड़ियाँ जहाँ थीं वहीं थम गईं। बिजली के प्रकाश को अँधेरे के पक्षी ने अपने बड़े–बड़े पंखों के नीचे ढँक लिया, लेकिन इस तरह तो अभ्यास के लिए ब्लैक आऊट कई बार हो चुका है। विंग कमांडर ने एक झटके–से गिलास नीचे रख दिया।" आगे बढ़कर बैठक की खिड़की खोल दी। उनका सारा ध्यान कानों में केन्द्रित हो गया है। शर्मा भी उनके पास आ ठहरा है। विंग कमांडर के अभ्यस्त कान किसी आवाज़ को सुनने की कोशिश कर रहे हैं। वायु लहरों का कम्पन तीव्र हो गया है, हवा में कुछ कर्कश आवाज़ें बड़ी तीव्रता से उछल रही हैं, व्याप्त हो रही हैं।

"शत्रु विमान!" और विंग कमांडर के मुँह से यह शब्द निकले ही थे कि एक विमान झपटता हुआ मकान के ऊपर से गुज़र गया। विमान–भेदी तोपों के मुँह विमान के अड्डे पर पहुँचने से पहले ही खुल गये। लाल रंग के ट्रेसर–बुलेट्स के प्रकाश के घेरे में क्षणांश के लिए विमान आया और फिर बाहर निकल गया। दूसरी ओर से एक और विमान ने आक्रमण करने की कोशिश की, लेकिन विमान–भेदी तोपों की गोलियों ने शायद वैमानिकों को दहला दिया। दोनों वैमानिकों ने अड्डे के अन्दर प्रवेश करने का साहस न किया। अब विमान ऊपर उठ गये हैं। उनकी 'धूँ–धूँ' की आवाज़ सुनायी दे रही है। आसमान में लाल रंग की आतिशबाज़ियाँ–सी छूट रही हैं।

"इट इज़ वार!" विंग–को. बाहर भागे।

"अपना ध्यान रखना।" पत्नी ने पीछे से आवाज़ दी। वह बाहर खड़ी जीप में बैठ चुके हैं। शर्मा छलाँग लगाकर उनके साथ बैठ गया है। धावन ने एक छोटे–से दायरे में जीप को मोड़ा, गेट की ओर किया, बजरी पर टायरों की कर्कश आवाज़ पैदा हुई और जीप किसी आक्रमणकारी चीते की तरह दनदनाकर बाहर निकल गयी।

नम्बर 57 स्क्वाड्रन के चार विमान अस्त्र–शस्त्रों से भरे हुए तैयार खड़े हैं। विंग कमांडर के कमरे में ट्रांज़िस्टर पर सब ख़बरों

को वैमानिक सुन चुके हैं। प्रधानमन्त्री ने रात को बारह बजे घोषण ाा की कि शत्रु के विमानों ने देश के कई विमान अड्डों पर हमले किये। युद्ध शुरू हो चुका है। दो बज चुके हैं। अभी तक जवाबी आक्रमण करने के वायुसेना मुख्यालय से आदेश नहीं आये। विंग कमांडर धावन, फ्ला. ले. एम. सिंह और फ़्लाइंग अफ़सर गाँगुली को आक्रमण के लिए जाना है। सिंह बोला, ''दुश्मन ने इज़रायल की नक़ल करने की कोशिश की है। अचानक आक्रमण करके हमारे विमानों को ज़मीन पर ही बर्बाद कर दे, लेकिन बेचारे के पास इज़रायलियों का साहस नहीं। इतनी दूर से दो विमान यहाँ पहुँचे भी, लेकिन बम अड्डे से दो मील दूर गिरा गये। माँ दे यार, डर गये।''

गाँगुली ने सोचा कि यह सिंह कभी कितनी भी गम्भीर बात करे, गालियाँ देने से बाज़ नहीं आयेगा। सिंह ने उसे भी पंजाबी की कई गालियाँ रटवा दी हैं। हमेशा बताता है, कभी काम आयेंगी।

रात के दो बज कर बीस मिनट हो चुके हैं। कमरे में हीटर नहीं जल रहा, अँगीठी भी नहीं और उड़न–वस्त्रों को चीरती हुई दिसम्बर की ठण्ड शरीर को भेदे डाल रही है। तभी टेलीफ़ोन बजा। विंग कमांडर ने सुना और 'स्क्रेम्बल' कहते हुए बाहर की ओर भागे। जवाबी आक्रमण के लिए आज्ञा जारी हो गयी है। आक्रमण कहाँ होना है, इसका निर्णय पहले ही लिया जा चुका है। सकेसर वायुसेना–स्टेशन का राडार–यन्त्र पहला स्थान है, जिसे ध्वस्त करना है।

उड़ान भरी (स्क्रेम्बल) की आज्ञा के दो मिनट के अन्दर ही चारों विमान आकाश में पहुँच चुके हैं। पूरे 2.30 बजे हैं। चाँदनी छिटकी हुई है, वैमानिक थोड़ी ऊँचाई पर उठ रहे हैं और आसपास सब कुछ उन्हें स्पष्ट दिखायी दे रहा है। बम–वर्षक ऐसी चाँदनी रातों को प्यार करते हैं और इन्हें 'बाम्बर्ज़ मून' कहते हैं।

विंग–को. धावन का विमान और उनके नम्बर–2 शर्मा का विमान साथ–साथ उठ रहे हैं। पीछे सिंह और गाँगुली के विमान हैं। रेडियो पर आपस में कोई बातचीत नहीं की जा रही। आक्रमणकारी विमानों की गतिविधि जितनी अधिक गुप्त रहेगी, उतना ही नुकसान अधिक किया जा सकेगा। टोह लेने वाले विमान इस राडार–स्टेशन के चित्र पहले

ही ला चुके थे। चारों वैमानिकों को चित्रों के कारण इस स्थान का पूरा भौगोलिक ज्ञान था। अपने देश के सोये हुए शहरों को वैमानिकों ने बहुत थोड़ी ऊँचाई पर पार किया। अब शत्रु के राडार–स्टेशन के पास विमान पहुँच गये हैं। विंग कमांडर धावन ने आज्ञा दी–

''मैं और शर्मा पहले आक्रमण कर रहे हैं। तुम दोनों ऊपर उड़कर देखो कि विमान–भेदी तोपें कहाँ–कहाँ से चलेंगी? उनके स्थान को मार्क करो और उन पर आक्रमण करो। हम दस मिनट में यह आक्रमण समाप्त कर देंगे। ओवर।'' धावन और शर्मा के विमान पेड़ों की चोटियों से होते हुए बहुत कम ऊँचाई से राडार–स्टेशन पर छोटे बम बरसाते हुए आगे निकल गये। तोपों के गोले आसमान को लाल किये जा रहे हैं। दोनों बहुत सख़्त दायरे में मोड़ कर विमानों को फिर से आक्रमण की मुद्रा में ला रहे हैं।

ऊपर उड़ रहे सिंह ने देख लिया है कि कम–से–कम आठ जगह से तोपें चल रही हैं। दोनों ने दो भिन्न कोणों से इन विमान–भेदी तोपों पर आक्रमण कर दिया है। 30 एम.एम. की तोपों की गोलियों की बौछार ने तीन तोपों के मुँह बन्द कर दिये हैं।

विंग कमांडर बोला–

''वैल डन। अब हम चारों बहुत छोटे व्यूह में समानान्तर उड़ते हुए इस स्थान पर आक्रमण करेंगे। अटैक।''

दूसरी बार चारों विमान झपटते हुए राडार–स्टेशन के ऊपर से गुज़र गये। पेड़–पत्तों के नीचे ढँकी बैरकों में से आग निकल रही है। इस बार के आक्रमण में आधे से अधिक स्थान को आग लग चुकी है।

विमान तीसरी बार आक्रमण की मुद्रा में आ रहे हैं। विंग कमांडर रेडियो पर बात करते हैं, परन्तु सिंह की ओर से जवाब नहीं मिलता।

''टी फ़ॉर टाइगर कॉलिंग। सिंह, मुझे अपनी स्थिति बताओ।''

इस आक्रमण में सिंह के विमान को कई गोले लगे हैं, तभी उससे फ़ॉर्मेशन (व्यूह) हट गया है। उसका जवाब आया–

''टी फार टाइगर। मेरे विमान को गोलियाँ लग चुकी हैं। मुझे लगता है, मेरी टाँग और बाँह से भी ख़ून बह रहा है।''

धावन बोला, ''ओ.के. पीछे रहो। विमान को अपनी सीमा की ओर मोड़ो। हम तीसरा आक्रमण करेंगे और तुम्हें वापस ले चलेंगे। गुड लक।''

तीसरा आक्रमण तीनों विमानों ने फिर किया। इस बार दो तोपों के गोले चले, लेकिन विमानों ने सफलतापूर्वक इस स्टेशन को बर्बाद कर दियां। यह स्टेशन शैतान की आँख की तरह भारतीय विमानों की गतिविधि को पकड़ा करता था। विमान वापस अपनी सीमा में आ गये हैं। बहुत ऊँचाई पर सूर्य का प्रकाश फैलना आरम्भ हो चुका है। विंग कमांडर रेडियो पर सिंह से बात करते हैं।

"टी फार टाइगर कॉलिंग। सिंह, तुम्हारे इंजन को तो गोली नहीं लगी? क्या अड्डे तक विमान वापस ले जा सकते हो अथवा वेल–आऊट करना है?"

सिंह की कमज़ोर पर दृढ़ आवाज़ आयी, "नो वेलिंग आऊट, सर। विमान वापस ले जाऊँगा। गोली भैणं दी को–चार जगह लगी है।" उसकी कमज़ोर आवाज़ से विंग कमांडर ने अन्दाज़ा लगा लिया कि ख़ून बहुत बह रहा होगा। उन्होंने नियन्त्रण कक्ष को सूचना दे दी कि वैमानिक घायल है।

सबसे पहले सिंह का जहाज़ नीचे उतरा, फिर उड़न–पट्टी नम्बर–2 पर इसके विमान नीचे आये। वायुसैनिकों ने सिंह को उठाकर बाहर निकाला है। उसके उड़न–वस्त्र ख़ून से लथपथ हैं। उसे एम्बुलेंस में डाल दिया गया है। वह अँगूठा ऊपर उठा कर मिशन के सफल होने की सूचना देते हैं। वायु सैनिकों के चेहरों पर ख़ुशी दौड़ जाती है।

और तभी रन–वे नम्बर–1 पर से नम्बर 57 स्क्वाड्रन के चार विमान स्क्वाड्रन लीडर परमार के नेतृत्व में एक–एक कर के ऊपर उड़ गये हैं।

वे तीनों वैमानिक बंकर की ओर बढ़ रहे हैं। जब तक जहाज़ों में पेट्रोल भरा जाता है, गोला–बारूद डाला जाता है, वे नाश्ता कर लें। फिर अगली सार्टी, कई और उड़ानें और आक्रमण! सिंह अब बाक़ी दिन हस्पताल में रहेगा। विंग कमांडर को एक और वैमानिक चाहिए। ग्रुप–कैप्टन को सूचित करना है...।

नवम्बर 57 स्क्वाड्रन का एक वैमानिक कल के युद्ध में काम आया था। स्क्वाड्रन लीडर परमार थोड़ा बोलता है और संक्षिप्त लिखता है। उसकी रिपोर्ट थी–

"कल अपने लक्ष्य को ध्वस्त करने के बाद हम अपनी सीमा में प्रवेश कर चुके थे। फ्ला. अफ़. सैनी का विमान सबसे पीछे था। अचानक आकाश की ऊँचाई से शत्रु के स्टार फ़ाइटर ने डाइव किया और सैनी के विमान पर गोलियाँ चला दीं। विमान को जलता हुआ देखा गया। कम–से–कम दिन के समय तो हमारे लड़ाकू विमानों को सू–7 की सहायता देनी और रक्षा करनी चाहिए।"

विंग कमांडर धावन अन्तिम वाक्य को देख रहे हैं। परमार अपनी बात को स्पष्ट कर रहा है–

"सर, फ़ाइटर पायलेट लगता है, बस ग्लोरी और प्रसिद्धि प्राप्त करने के लिए बने हैं। हम जो शत्रु की सीमा के इतना अन्दर जाते हैं, बम–वर्षक विमान जितना ख़तरा उठाते हैं, उसकी कल्पना भी आम लोग नहीं कर सकते। मैं सोचता हूँ, अगर वे अपनी बीवियों की गोद में न घुसे रहें, हमें आकाश में रक्षा दें तो सैनी न मरता।"

विंग कमांडर चुप है। वह जानता है कि परमार इस समय गुस्से में है। निरोधक विमानों के लिए यह कहाँ सम्भव है कि वह बम–वर्षक और लड़ाकू विमानों को हर समय और हर स्थान पर ख़बर दें। परन्तु जब अपने साथी की मृत्यु हो जाये तो कार्य–कारण के सन्दर्भ में सोचना कठिन हो जाता है।

पिछले दिन में स्क्वाड्रन के विमान शत्रु के क्षेत्र में बीस बार आक्रमण कर चुके हैं। दो विमान नष्ट हैं, सिंह घायल है और सैनी–हाँ, सैनी के घर पत्र भी लिखना है, विंग कमांडर सोचता है।

शाम के पाँच बज चुके हैं। स्क्वाड्रन के वैमानिक ब्रीफ़िंग–रूम में एकत्र हैं। सामने दीवार पर शत्रु क्षेत्र का नक़्शा लगा है। आज ग्रुप कैप्टन भी वहाँ है। विंग कमांडर धावन एक छड़ी के इशारे से नक़्शे पर सबको समझा रहा है–

"आज हमें मसरूर पर आक्रमण करना है। वहाँ पर शत्रु का बहुत बड़ा पेट्रोल डिपो है। टोही–विमानों की सूचना के अनुसार वहाँ पर विमान–भेदी तोपों का बहुत बड़ा जमाव है। पहले स्क्वाड्रन के चार विमान आक्रमण करेंगे। यदि आक्रमण पूरी तरह सफल न हुआ तो 15 मिनट के बाद दूसरे चार विमान जायेंगे। पहले आक्रमण में मैं, परमार, शर्मा और गाँगुली जा रहे हैं। कोई प्रश्न?"

वैमानिकों ने 'न' की मुद्रा में सिर हिला दिया। कुर्सियों की बाँहों पर बने ऐश–ट्रे में अपनी सिगरेटें बुझा दीं। ग्रुप कैप्टन ने अन्तिम आदेश दिये–

''हमारे दो लड़ाकू विमान बहुत ऊँचाई पर शत्रु के विमानों को रोकने के लिए उड़ रहे होंगे। नो वरी ऑन दैट साइड। गिव एनमी द हैल। एंड गुडलक।''

चार सू–7 के पीछे दो नैट विमानों ने भी उड़ान भर ली है। साढ़े पाँच बज चुके हैं। अँधेरे की चादर धीरे–धीरे सब ओर फैलनी आरम्भ हो चुकी है। आज सारे विमान बहुत ऊँचाई पर उड़ रहे हैं। कल सीमा स्थित शत्रु का राडार बर्बाद कर देने के कारण ख़तरा कुछ कम हो गया है। विंग कमांडर धावन रेडियो पर आदेश देते हैं–

''दो विमान समानान्तर उड़ते हुए आक्रमण करेंगे। मैं और शर्मा पहले आक्रमण करेंगे। डोंट फायर टिल यू आर श्योर ऑफ टार्गेट।''

धावन और शर्मा के विमानों ने बहुत ऊँचाई से नीचे डाइव किया। दोनों के विमानों से रॉकेट चले। उधर से विमान–भेदी तोपों की गोलियाँ बहुत थोड़ी दूर से चल रही हैं। शत्रु ने पेट्रोल डिपो की रक्षा का जबर्दस्त प्रबन्ध कर रखा है। नीचे से आग की कोई लपट उठती हुई दिखायी नहीं दे रही है। इसका अर्थ है, रॉकेट ठीक निशाने पर नहीं लगे।

शर्मा धावन को रेडियो पर कहता है–

''सर, अभी तक शत्रु सोचता है कि केवल दो विमान आक्रमण कर रहे हैं। मैं अकेला आक्रमण करना चाहता हूँ ताकि सारी तोपें मेरे विमान पर चलें। शत्रु समझेगा कि शायद एक विमान वह गिरा चुका है। जब सब विमान–भेदी तोपों का ध्यान मेरी तरफ़ हो तो आप तीनों आक्रमण कर दें।''

पहले धावन ने सोचा कि शर्मा को इनकार कर दे। इस तरह से एक विमान का थोड़ी गति से आक्रमण करना आत्महत्या कहा जायेगा। लेकिन...। शर्मा की आवाज़ आयी–

''सर, आई एम गोईंग इन फ़ॉर अटैक...।'' परमार और गाँगुली भी सारी बातचीत सुन रहे थे। शर्मा के विमान ने व्यूह तोड़ दिया। डाल से बिछड़े परिन्दे की तरह विमान नीचे झपटा जा रहा है।

ट्रेसर–बुलेट के लाल प्रकाश में शत्रु के तोपची भी इस आक्रमण करते एक विमान को देख रहे हैं। विमान साँप की तरह बल खाता हुआ तोपों के बीच में से गुज़र रहा है। शत्रु की सारी तोपों के गोले केवल एक विमान को निशाना बना रहे हैं। उनका ध्यान एक ओर केन्द्रित है। पहला गोला विमान के इंजन को लगा है, कम–से–कम दस इंच गहरा सूराख़ हो गया है। इसी बीच धावन, परमार और गाँगुली के विमान पेट्रोल–डिपो पर दो बार आक्रमण कर चुके हैं। सारी जगह आग की लपटें उठ रही हैं। आक्रमण शत–प्रतिशत सफल रहा है, पर शर्मा और उसका विमान...! धावन रेडियो पर बोल रहा है–

"नम्बर टू। टी फ़ार टाइगर कॉलिंग–अपनी स्थिति का पता दो। टी फार....।" लेकिन शर्मा का रेडियो तोप के गोले लगने से नष्ट हो गया है। बाक़ी विमानों से उसका सम्बन्ध टूट चुका है। इंजन में शक्ति ख़त्म हो गयी है। विमान बिल्कुल ऊपर नहीं उठ रहा है। शर्मा नीचे किसी छोटे–से साफ़ मैदान की तलाश में है जहाँ पर विमान उतार सके। इतनी कम ऊँचाई से पैराशूट द्वारा नीचे कूदने का प्रश्न ही नहीं उठता।

धावन ऊपर उड़ रहे दो लड़ाकू नैट विमानों से सम्बन्ध स्थापित करता है–

"टी फ़ॉर टाइगर कॉलिंग। हमारे एक विमान को शत्रु की तोपों के गोले लग गये हैं। रेडियो सम्बन्ध भी टूट गया है। फ्ला. ले. शर्मा कहीं पर विमान उतारने की कोशिश कर रहा है। नियन्त्रण–कक्ष को सूचना दो कि आस–पास की सेना की यूनिट को ख़बर करे। वह वैमानिक की तलाश करे।"

ऊपर से नैट वैमानिक ने जवाब दिया, "ठीक, मैंने सन्देश प्राप्त कर लिया है। कंट्रोल को सूचना दे रहा हूँ, ओवर।"

धावन, परमार और गाँगुली के विमान बहुत नीचे उड़ान कर रहे हैं। अभी तक शर्मा का विमान धरती पर गिरा नहीं, वर्ना आग की उठती हुई लपटें दिखायी दे जातीं। अँधेरा बढ़ रहा है। अब तीनों विमान जलते हुए पेट्रोल डिपो से काफ़ी दूर आ चुके हैं, लेकिन आग का प्रकाश यहाँ भी दिखायी दे रहा है।

दोनों नैट विमान भी नीचे आकर साथ–साथ उड़ रहे हैं। तलाश जाती है।

शर्मा खींच कर इयर–फ़ोन उतार देता है। अब विमान को किसी भी क्षण आग लग सकती है। उसे एक खेत दिखायी देता है। वह सिर पर लगे शीशे के छत को परे करता है। वह सीट से चिपट कर बैठा है। विमान ज़मीन से टकरायेगा तो आग लगेगी। धक्के से उसकी रीढ़ की हड्डी भी टूट सकती है।

खेत का सिरा दिखायी दे रहा है। विमान के पहिये पेड़ की टहनियों से छूते हैं और फिर उसका नाक धरती से छू जाता है। शर्मा ब्रेक मार रहा है, विमान आगे बढ़ा जा रहा है। सामने पेड़ों का झुण्ड है और होश खोने से पूर्व उसने अभ्यस्त हाथों से विमान के थ्रॉटल को थोड़ा दायें कर दिया। विमान ज़रा–सा मुड़ा, उसके विशालकाय पंख ने पेड़ को काटा, टूट गया और विमान को आग नहीं लगी। वैमानिक...।

दुर्घटना के स्थल से उस समय शेष विमान दस मील दूर थे। धावन के मन में अब भी कहीं आशा की किरण थी। वह शर्मा को रेडियो पर कॉन्टेक्ट करने की चेष्टा कर रहा है।

"टी फ़ॉर टाइगर कॉलिंग...नम्बर टू।"

इन विमानों को भी अड्डे की ओर लौटना है। पेट्रोल समाप्त हो रहा है और वापस अड्डे पहुँचने तक भी धावन के बैठे हुए गले से रेडियो पर आवाज़ आती रही–

"टी फ़ॉर टाइगर कॉलिंग नम्बर टू, टी फ़ॉर टाइगर, टी फार....."

आधी रात हो चुकी होगी। वह कितना पैदल चल चुका है? शर्मा का विमान जब पेड़ से टकराकर रुक गया तो कुछ मिनटों के लिए उसका मानसिक ब्लैक–आऊट हुआ। ऐसे समय आत्मरक्षा का भाव इतना प्रबल होता है कि वैमानिक मशीनी ढंग से सारे कार्य करता है। वह सीट से बँध ी चमड़े की पेटियाँ पहले ही खोल चुका है। बाहर निकलकर विमान से परे भागा। किसी भी क्षण आग लग सकती है। उसने अपना उड़न जैकेट उतारा, गले में लटके लोहे के उस गोल टुकड़े को भी बाहर निकाला, जिस पर उसका नम्बर और नाम अंकित है। वह साँस रोके प्रतीक्षा कर रहा है कि विमान में आग लगी कि लगी, और पैंट के पास बनी जेब से उसने इस क्षेत्र का नक़्शा बाहर निकाल लिया है।

गोलियों से भरे रिवॉल्वर को उसने हिप--पॉकेट में रख लिया है। उसने शरीर पर हाथ फेरा। कहीं कुछ टूटा नहीं है। कई जगह से रक्त बह रहा है, पर ये सब खरोंचें हैं। जब इस तरह से बिना चोट के बच जाया जाये तो वैमानिक उसे दैवी चमत्कार मानते हैं। और वह जानता है कि उसकी दादी अब भी घर में बैठी 'गीता' पढ़ रही होगी, उसकी रक्षा के लिए प्रत्येक रात को जागती होगी...। विमान में अभी तक आग नहीं लगी। जैसा कि स्वाभाविक है, पहला ख़याल उसके मन में यही आया कि इस स्थान से कहीं दूर भाग जाये, लेकिन नहीं। यदि आसपास आबादी है तो लोगों ने विमान गिरने का धमाका अवश्य सुना होगा। वैमानिक की लाश न मिलने का अर्थ है कि वह बच निकला है और तब लोग शिकारी कुत्तों की तरह सब ओर फैल जायेंगे, उसे पकड़ने की, मारने की होड़ लग जायेगी।

उसके शरीर का अंग–अंग सतर्क हो गया है। वायु–कम्पन के संचार के माध्यम से उसे लगा कि कोई इस ओर बढ़ा आ रहा है। जंगल में हल्की--सी धमक भी कितनी तेज़ आवाज़ पैदा करती है। फिर एक शरीर का ख़ाका धीरे–धीरे पेड़ों में स्पष्ट हुआ। कोई बहुत धीमे गिरे हुए विमान की ओर बढ़ रहा है। किसी प्रकार की वर्दी पहन रखी है जो ठीक दिखायी नहीं देती। आकार पेड़ के साये के दायरे से बाहर आ गया है, चाँदनी में शरीर वृद्ध हो गया है। पुलिस का सिपाही है। अकेला है। इसका अर्थ है आसपास कोई गाँव है। वह जानता है, युद्ध के दिनों गाँव में एकाध कांस्टेबल तैनात कर दिया जाता है ताकि लोग किसी प्रकार की रोशनी आदि न करें। एक क्षण में अगला क़दम उठाने का उसने फ़ैसला कर लिया। वह धीरे–धीरे उस सिपाही की ओर बढ़ रहा है। जंगल में घास है। उसके पाँवों की आवाज़ बिल्कुल भी नहीं आ रही।

सिपाही विमान से थोड़ी दूर खड़ा है, आसपास किसी हरकत होने की प्रतीक्षा में। उसका सारा ध्यान विमान पर केन्द्रित है। शर्मा उसके बिल्कुल पीछे पहुँच चुका है। उसने रिवॉल्वर हाथ में पकड़ा है और बड़ी कठिनाई से गोली मार देने के विचार पर क़ाबू पाया है। गोली की आवाज़ अन्य लोगों को इस ओर आकर्षित करेगी, खींच लायेगी। उसने रिवॉल्वर को नली से पकड़ लिया है।

अब दोनों में केवल दो फुट का अन्तर है। सिपाही को ख़तरे का आभास हुआ, झटके–से मुड़ा और साँप के फन की तरह रिवॉल्वर की मूठ उसकी कनपटी पर झपट कर लगी। गिरते हुए सिपाही के मुँह पर उसने हाथ रखा। दूसरी बाँह से उसकी गर्दन को घेरा, हाथों–हाथ युद्ध में प्रशिक्षक की बतायी गले की नाड़ी पर उसने अपनी सुडौल बाँह का झटका दिया। ज़मीन पर गिरने से पहले वह सिपाही मर चुका था। उसने घसीटकर लाश को विमान के क़रीब लिटाया, अपने लोहे के निशानी–टुकड़े को उसके गले में पहना दिया। सिपाही के हाथ पर से कमीज़ को परे हटाया और उसके हाथ पर बँधी सस्ती–सी घड़ी को उतार लिया। अपनी घड़ी, जो टूट गयी थी, उसे पहना दी। विमान में से पेट्रोल धीरे–धीरे बाहर बह आया है। माचिस भी उसे मृत–कांस्टेबल की जेब से मिल गयी। उसने तीली जलायी, फेंकी और बड़ी तेज़ी से भागा। आग का भभका उठा, फैला, विमान और सिपाही का मृत शरीर उसकी लपेट में आ अये। वह अब भी तेज़ी से भाग रहा है। विमान से जितनी अधिक दूरी हो, उतना ही ठीक है।

अब लोग पहुँचेंगे। सिपाही की लाश जल चुकी होगी, लेकिन पिंजर तो बाक़ी होगा। सीधे परिणाम निकालेंगे कि विमान गिरा, वैमानिक मर गया ओर आग में जल गया। गाँव के अनपढ़ लोग सिपाही की उपस्थिति की कमी को एकाध दिन महसूस नहीं करेंगे।

बारह बज चुके हैं। चाँद जिस ओर से आगे बढ़ रहा है, ऊँचा उठ रहा है वह उसी ओर बढ़ रहा है, अपना देश इसी दिशा में है।

पिछले कई घण्टों से वह चल रहा है। ब्लैक–आउट के कारण किसी से सामना होने की सम्भावना बहुत कम है। रात को भागना ख़तरे से ख़ाली है, दिन निकले पर बच निकला...।

नम्बर 57 स्क्वाड्रन के ऑफ़िस में धावन बैठा है। ऐश–ट्रे सिगरेट के टुकड़ों से भरी हुई है। सार्जेंट फ़ोन के पास बैठा है। अन्य वैमानिक धीरे–धीरे बातें कर रहे हैं।

उस क्षेत्र में स्थित स्थल सेना को सूचित किया जा चुका है। धावन जानते हैं कि शर्मा की तलाश में सैनिक शत्रु क्षेत्र में बहुत अन्दर तक तलाश करने के लिए जा चुके होंगे। ग्रुप–कैप्टन स्वयं उस क्षेत्र के ब्रिगेडियर से बात कर चुके हैं। उस क्षेत्र के मुख्यालय से फ़ोन पर सीधा

सम्बन्ध स्थापित हो चुका है। धावन सार्जेंट से फिर वहाँ फ़ोन करने को कहते हैं। शायद पचासवीं बार फ़ोन की जा रही है। उधर से कैप्टन का जवाब आता है, खोज अभी जारी है। धावन सार्जेंट के हाथ से फ़ोन छीन लेता है–

"कैप्टन, दिस इज़ विंग–कमांडर धावन, 'खोज जारी है, का क्या मतलब? आई वांट माई पायलेट बैक, डेड ऑर अलाइव। मुझे सीधा जवाब चाहिए। मैं सेना के मुख्यालय दिल्ली फ़ोन कर रहा हूँ।"

वह फ़ोन नीचे पटक देता है। वैमानिक से पूछता है, "एनी ब्लडी न्यूज़?"

वैमानिक पाकिस्तान रेडियो से पिछले कई घण्टे से समाचार सुन रहे हैं। विमान गिराने का समाचार धार्मिक जोश से कई बार सुनाया जा चुका है, लेकिन वैमानिक के मरने अथवा युद्ध–बन्दी बनाने की अभी तक कोई सूचना नहीं आयी।

सात सिख इन्फ़ैंट्री का कैप्टन अमरजीत सिंह अपने दस सिख सैनिकों के साथ शत्रु सीमा में दस मील अन्दर घुस चुका है। हवलदार के हाथ में दिशा सूचक यन्त्र है। सैनिकों की पगड़ियों में पेड़ों की टहनियाँ हैं और चेहरे पर कई दिनों की गर्द। प्रेतों की तरह बिना कोई आवाज़ किये वे आगे बढ़ रहे हैं।

शर्मा उनसे आधा मील दूर है लेकिन जंगल की शान्ति में इतने लोगों की उपस्थिति का आभास उसे हो गया है। शत्रु सैनिक हैं, गाँव के लोग हैं अथवा...?

वह मन–ही–मन प्रार्थना कर रहा है कि पेड़ समाप्त हो जायें, वह खुले मैदान में आ जाये, दूर से ही इस ओर आने वाले लोगों को देख सके।

क़दमों की आवाज़ कुछ सौ फुट दूर है। वह कान लगाकर सुनने की कोशिश कर रहा है और जीवन का सबसे सुखद और मीठा वाक्य उसके कानों में पड़ा–

"साहब जी, वापस चलिए। बेचारा शायद मर गया है या पकड़ा गया है।"

ये अपने सैनिक हैं, उसकी तलाश कर रहे हैं।

सिखों की दाढ़ियों पर चाँद की रोशनी पड़ रही है। जंगली चीतों की तरह उनके शरीर तन कर झुके हुए हैं। एक क्षण के लिए उसने

झट–से उनकी ओर भाग जाने की सोची....नहीं! इस तरह से अचानक किसी को अपनी ओर भागते देखकर मशीनी हरकत से सैनिकों की उँगलियाँ बन्दूकों के घोड़ों पर दब जायेंगी। पहले उसने दोनों हाथ ऊपर उठाये और फिर धीरे–धीरे उनकी ओर बढ़ना शुरू किया।

कैप्टन ने उसे देख लिया है। सैनिकों की बन्दूकें उसकी ओर तन चुकी हैं। वह बहुत धीरे–धीरे उनकी ओर बढ़ रहा है। इस समय वह लगभग सिविल कपड़ों में है। उसे लग रहा है कि सैनिकों की आँखें उसके शरीर में खुसी जा रही हैं। उसके ऊपर उठे हाथों से वे आश्वस्त हो गये हैं। वह कैप्टन से थोड़ी दूर खड़ा है।

"नाम?" कैप्टन की कठोर, परन्तु धीमी आवाज़।

"फ्ला. ले. विनय शर्मा, नम्बर....।"

और अगले ही क्षण वह कैप्टन के बाहुपाश में है। एक–एक करके सारे सैनिक उससे गले मिलते हैं।

अधेड़ आयु का हवलदार उसका माथा चूमता है और मुँह–ही–मुँह में 'वाहेगुरु–वाहेगुरु' का नाम जपता है और शर्मा सब सैनिकों और कैप्टन सिंह को सम्बोधन करता है–

"माँ दे यारो, कुछ खाने वास्ते दोगे या गले ही मिलते रहोगे?" इतनी मीठी पंजाबी गाली सुनकर सबकी बाँछें खिल जाती हैं। काली दाढ़ियों से ढँके चेहरे पर दाँत चमकते हैं, झाँकते हैं और प्रेत मुस्कराते रहते हैं।

कैप्टन सिंह बता रहा है, दो घण्टे में अपनी सीमा में पहुँच जायेंगे। शर्मा सोच रहा है, शाम तक वह नम्बर 57 स्क्वाड्रन में वापिस होगा। नया सू–7 एक और उड़ान और....।

सुबह सात बजे पाकिस्तान रेडियो से फ्ला. ले. शर्मा के मृत शरीर और उसके ध्वस्त विमान के मिलने की ख़बर आयी।

सुबह सात बजे शर्मा विशेष हेलिकॉप्टर द्वारा नम्बर–57 स्क्वाड्रन में वापिस पहुँच गया।

जब हेलिकॉप्टर हैंगर के पास नीचे उतरा तो स्क्वाड्रन के सारे वैमानिक, वायुसैनिक उसका स्वागत करने के लिए वहाँ बाहर खड़े थे। सबको पता है कि शर्मा ने कितना ख़तरा उठाया था, और सबके सिर गर्व से ऊँचे हो गये थे। धावन ने आगे बढ़कर उसे गले से लगा लिया।

''यू यार ए लक्की बास्टर्ड, मैं तुम्हें नया विमान दे रहा हूँ। देखना, इसे भी नीचे मत गिरा देना।''

ग्रुप कैप्टन ने हाथ मिला कर उसे बधाई दी, ''मैंने तुम्हें 'वीर चक्र' प्रदान करने की सिफ़ारिश की है। और देखो, अपना ध्यान रखो। फ़ालतू ख़तरा मोल लेने की कोशिश मत करो।''

कैप्टन अमरजीत सिंह, जिसकी सैनिक टुकड़ी ने उसे बचाया था, रावी नदी पर एक पुल की रक्षा पर तैनात था। वह पुल के पास शत्रु क्षेत्र में पहुँच चुका था। इस पुल का बहुत अधिक सामरिक महत्त्व है। सारी सहायता, रसद, टैंक और बड़ी–बड़ी तोपें इसी से उस पार पहुँचायी जायेंगी।

सुबह–सुबह अमृतसर बॉर्डर पर भी युद्ध आरम्भ हो गया। सब जानते हैं कि पश्चिमी क्षेत्र का युद्ध भयानक होगा, दुर्धर्ष होगा। शत्रु कई महीनों से अपनी स्थिति को मजबूत कर चुका है।

सेना के टोह लेने वाले विमान ने ब्रिगेड कमांडर को सूचना दी कि शत्रु 100 सैनिकों और 24 टैंकों के साथ इस पुल की ओर बढ़ रहा है।

कैप्टन सिंह और उसके 80 सैनिकों को एकदम कुमुक पहुँचा पाना असम्भव है। ब्रिगेड कमांडर ने टेलीफ़ोन पर सिंह को आज्ञा दी–

''कैप्टन शत्रु चार कम्पनियों और 24 टैंकों के साथ तुम्हारी ओर बढ़ रहा है। हमारे टैंकों का इतनी जल्दी तुम्हारी सहायता पर पहुँचना असम्भव है। री ट्रीट। मैं तुम्हें पीछे हटने की आज्ञा देता हूँ।''

''सॉरी सर। सिख इन्फ़ैंट्री पीछे नहीं हटेगी। मैं अपने सैनिकों के साथ आक्रमण कर रहा हूँ। अगर टैंक नहीं पहुँच सकते तो हमें एयर–कवर, वायुसेना की सहायता दें।'' उसने फ़ोन नीचे रख लिया। शत्रु के टैंकों की गड़गड़ाहट पास पहुँच रही है, सुनायी दे रही है।

ब्रिगेड कमांडर ने वायुसेना से सम्बन्ध स्थापित किया और कुछ मिनट में नं. 57 स्क्वाड्रन के चार विमान उस क्षेत्र में पहुँच चुके हैं। फ्ला. ले. शर्मा इस आक्रमण का नेता है। अब उसका और कैप्टन सिंह का सीधा रेडियो सम्बन्ध स्थापित हो गया है।

''सिंह, मुझे टैंकों की स्थिति का पता दो। टैंक तुमसे पचास फुट की दूरी पर हों तो हम आक्रमण करेंगे।''

सिंह को आवाज़ जानी–पहचानी लगी।

"सर, कौन बोल रहा है?"

"माँ दे यार, पहचाना नहीं? विनय शर्मा फिर तुम्हारे पास आ गया है।"

विमान बहुत ऊँचाई पर उड़ रहे हैं, आँखों से दिखायी नहीं देते। टैंकों की गड़गड़ाहट में उनकी आवाज़ भी सुनायी नहीं दे रही। सैनिकों को पता चल गया है कि वायुसेना पहुँच गयी है। अब डर की कोई बात नहीं है। कैप्टन सिंह की आज्ञा है कि कोई भी गुरु का लाल पीछे नहीं जायेगा। या शहीद होंगे या पुल की रक्षा करेंगे।

शत्रु निधड़क आगे बढ़ रहा है। सिख सैनिक अपने बंकरों में मशीनगनें तानें तैयार हैं। शत्रु को सैनिकों की संख्या का कोई अन्दाज़ा नहीं।

सिंह शर्मा को सूचना देता है।

"पहले चार टैंक पचास गज दूर हैं। इसी ओर बढ़ रहे हैं।"

शर्मा फ़्लाइंग अफ़सर गाँगुली को आज्ञा देता है–

"नम्बर टू, हम आक्रमण कर रहे हैं। नम्बर तीन और नम्बर चार हमारे पीछे रहो। जब हम ऊपर उठ रहे हों तो उसी क्षण तुम्हें आक्रमण कर देना है। अटैक। ओवर।"

शर्मा और गाँगुली के विमान चील की तरह नीचे झपटे आ रहे हैं। इस समय वह ध्वनि की गति को पार कर गया है।

चारों टैंक उनकी मार के घेरे में आ रहे हैं। वे नीचे आते जा रहे हैं, और नज़दीक, और नज़दीक। और रॉकेटों की विस्फोटक आवाज़ वातावरण को कँपा देती है।

चारों टैंक धू–धू करके जल रहे हैं। शत्रु इस आक्रमण के लिए तैयार नहीं था। विमानों पर गोले बरसाने का उसे अवसर ही नहीं मिला।

दो छोटे–छोटे धब्बे आकाश में बड़ी तेज़ी–से बड़े होते जा रहे हैं। विमान नम्बर तीन और चार ने पिछले चार टैंकों पर आक्रमण बोल दिया है। इसमें से दो टैंक अपने स्थान पर गोल घूम रहे हैं। सिख इनफ़ैंट्री के सैनिकों की मशीनगनें आग उगल रही हैं।

कैप्टन सिह शर्मा को सूचना देता है–

"शत्रु के टैंकों ने व्यूह तोड़ दिया है। अब वे चारों दिशाओं में फैल गये हैं। सब ओर से आगे बढ़ रहे हैं।"

शर्मा बाक़ी वैमानिकों को आज्ञा देता है–

''नम्बर दो, तीन, चार। अब हम व्यूह में आक्रमण नहीं करेंगे। फ़ॉर्मेशन तोड़ दो। अपने आप टैंक देखो और बर्बाद कर दो। अटैक। ओवर।''

शर्मा जानता है, इन 80 सैनिकों का जीवन उसके हाथ में है और इन्हें बचाना है। इतने सैनिक तो मात्र एक टैंक का सामना भी कठिनाई से कर पायेंगे। फिर यह उसका निजी मामला भी तो है। कैप्टन सिंह और उसके सैनिक न होते...।

उसका विमान पेड़ों की चोटियों को छू रहा है। टैंकों की तोपें उस पर आग उगल रही हैं। शायद विमान और टैंक में कोई सम्बन्ध स्थापित हो गया है। बिल्कुल 90 के कोण पर पहुँच कर शर्मा के विमान से चार रॉकेट निकले और लाल–लाल लोहा टैंक की चमड़ी को चीर गया है।

ज़मीन इतनी तेज़ी से पास क्यों पहुँच रही है? विमान की नाक जैसे धरती को छूती हुई ऊपर उठ गयी है। शर्मा का विमान अगले आक्रमण के लिए ऊँचाई प्राप्त कर रहा है। वह ऊपर उठ गया है। तीन विमान आक्रमण करके पूर्व दिशा से अर्द्धगोलाकार ऊपर उठ रहे हैं। यह क्या? एक विमान का पंख जल रहा है।

''नम्बर टू, थ्री, फ़ोर, नम्बर वन कॉलिंग। अपनी स्थिति की रिपोर्ट दो।''

''नम्बर टू कॉलिंग, सर। मेरे विमान को गोला लग गया है। मैं एक आक्रमण और करके वापस जाऊँगा।''

''नो। तुम विमान को लेकर वापस अड्डे जाओ। यह मेरी आज्ञा है।'' और उसने रेडियो सम्बन्ध तोड़ दिया।

''गाँगुली टू। तुम वैल–आउट कर जाओ। दिस इज़ माई ऑर्डर।''

''यस सर!'' और नम्बर तीन और चार इसी बीच एक और आक्रमण कर चुके हैं। आग की लपटों में यह पता चलना कठिन हो रहा है कि कितने टैंक बाक़ी हैं, कितने जल रहे हैं? कैप्टन सिंह की आवाज़ आती है–

''शत्रु के चार टैंक मिट्टी के बहुत ऊँचे टीले के पीछे से इस ओर बढ़ रहे हैं। मुझे दूरबीन से वे आगे बढ़ते दिखायी दे रहे हैं। यह टीला पूरा तीन फर्लांग पश्चिम में है। इसके बाद बंकरों से बाहर निकल कर चार्ज कर रहा हूँ।''

"ओ. के., हम आक्रमण कर रहे हैं। अभी 15 मिनट और हम वहीं हैं। अपनी रिपोर्ट दो, ओवर।"

इस बार नम्बर 1, 2, 4 ने सीधी पंक्ति में इन चार टैंकों पर धावा बोला है। विमानों के विंग एक–दूसरे को छूते दिखायी दे रहे हैं। अब रॉकेट के साथ 30 एम.एम. की तोपें भी चल रही हैं। आक्रमण सफल रहा है। शत्रु के सैनिकों में भगदड़ मच चुकी है। उसके सारे टैंक तबाह हो गये हैं। तीनों विमान आकाश में अब भी उड़ रहे हैं, शिकारी पक्षी की तरह अपने बच्चे की रक्षा में तत्पर।

कैप्टन सिंह के 80 सैनिक बंकरों से बाहर आ गये हैं। सिंह ने उन्हें चारों ओर फैल कर आक्रमण करने की आज्ञा दी, ताकि शत्रु को उनकी संख्या का अन्दाज़ा न लगे। कैप्टन सिंह ने गर्जना की–

"बोले सो निहाल।"

80 शेर एक साथ दहाड़े–

"सत सिरी अकाल"

सैनिक आधे नीचे झुके आँधी की गति से आगे बढ़ रहे हैं। उनकी मशीनगनें दनदना रही हैं। अब वह शत्रु के ऊपर पहुँच गये हैं। हाथों–हाथ युद्ध हो रहा है। शत्रु का सारा व्यूह टूट चुका है। भगदड़ मच गयी है। सूबेदार जागीर सिंह फिर से नारा बुलन्द करता है–

"बोले सो निहाल।"

सैनिक गरजते हैं–

"सत सिरी अकाल"

संगीनें माँस में घुप रही हैं, ख़ून के फव्वारे निकल रहे हैं, संगीनें खुप रही हैं...। सफेद झण्डा ऊँचा उठ गया है। शत्रु ने आत्मसमर्पण कर दिया है।

इतिहास में एक और स्वर्ण अध्याय। शत्रु के कर्नल और उसके 400 सैनिकों को बन्दी बना लिया गया है। सिख इन्फ़ैंट्री के 50 सैनिक गुरु को प्यारे हो गये हैं। कैप्टन सिंह की जाँघ में से तीन गोलियाँ पार हो गयी हैं। पीछे से शक्तिमान टैंक पहुँच चुके हैं। ब्रिगेड कमांडर कैप्टन सिंह को गले लगा रहे हैं।

तीनों विमान आख़िरी बार नीचे झपटते हैं, सिख सैनिक हाथ हवा में हिलाते हैं और ये विमान अड्डे की ओर वापस लौट रहे हैं।

गाँगुली पैराशूट से नीचे कूद चुका है। वह छाते को खोल रहा है कि पास के गाँव के लोग वहाँ पहुँच जाते हैं। इन लोगों ने दिन के प्रकाश में छाते से उतरते वैमानिक को देख लिया है।

लम्बे–लम्बे सिखों के हाथ में लम्बी–लम्बी नंगी तलवारें हैं। वे उसे पास आते जा रहे हैं। गाँगुली हिन्दी में कुछ शब्द जानता है–

''इंडियन। हिन्दोस्तानी।''

लम्बे–लम्बे सिख थम जाते हैं। एक लड़का जो शायद स्कूल में पढ़ता है, बोलता है–

''राष्ट्रीय गीत सुनाओ।''

राष्ट्रीय गीत? और फिर गाँगुली समझ जाता है। वह 'जन–गण–मन' बोलकर सबको सुनाता है। लड़का सबको कहता है–

''यह हमारा पायलेट है।''

लोगों में थोड़ा विश्वास पैदा होता है, लेकिन अब भी उसे सन्देह से देख रहे हैं। फिर गाँगुली को अपने दोस्त सिंह की पंजाबी गालियाँ याद आ जाती हैं। और वह ऊँची आवाज़ में बोलता हैं।

''भैंण दे यारो। मैं तुम्हारी माँ नाल सोवांगा। देखता क्या है?'' आख़िरी वाक्य में पंजाबी वह भूल गया है।

सिखों का गालियाँ सुनकर सारा सन्देह काफूर हो जाता है। उसे कन्धे पर उठा लिया गया है। वह उस लड़के को, जो थोड़ी अंग्रेज़ी समझता है, कहता है कि उसे ट्रैक्टर पर जल्दी समीप के शहर में पहुँचा दिया जाये। फिर आक्रमण करने जाना है। तो उसके दोस्त सिंह की पंजाबी गालियाँ सीखने की सलाह ठीक थी, आज ये गालियाँ काम आ गयीं।

सुबह आठ बजे वायुसेना स्टेशन के गेट पर आकर एक कार रुकी। कार की अगली दो लाइटों पर काला लगा था और उसके ऊपर कीचड़। प्रत्येक वाहन पर कीचड़ आदि लगा दिया गया था, ताकि शत्रु का विमान उनकी चमक को देखकर आक्रमण न करे।

प्रवेश द्वार पर एक सैनिक तथा पुलिस का वायुसैनिक खड़ा था। पुलिस के वायुसैनिक ने आगे बढ़कर प्रश्न किया–

"आप यहाँ किससे मिलने आये हैं? यहाँ पर आजकल किसी से मिलने की आज्ञा नहीं है।"

बूढ़ी औरत ने थकी हुई आँखों से उसे देखा। उसके सफ़ेद कपड़े सफ़र के कारण मैले पड़ गये हैं। सफ़ेद बाल बड़े कसकर बँधे हुए हैं, बर्फ़ की ढँकी पहाड़ी की तरह धीर–गम्भीर हैं। हाथों में माला है। उसे वह लगातार फेरे जा रही है। उसने जवाब दिया तो लगा, आवाज़ कहीं दूर से आ रही है–

"मैं विनय शर्मा की दादी हूँ।"

"क्या फ्ला. ले. शर्मा की आप ग्रेंडमा हैं?"

"हाँ। हमलोग कल ही बम्बई से दिल्ली पहुँचे। रात को कार से दिल्ली से चले थे। अभी–अभी यहाँ आये हैं।"

पुलिस वायुसैनिक ने पैर मिलाकर 'खट' से उन्हें सैल्यूट दिया, "आप गार्ड–रूम में बैठें। मैं अभी उनके स्क्वाड्रन में फ़ोन करके सर को ख़बर देता हूँ।"

दादी के माला फेरते हुए हाथ थम गये। कारपोरल ने बाहर दूसरी औरत की ओर देखा जो कार के स्टीयरिंग को पकड़े बैठी है। उसके कटे हुए बालों ने एक गाल को ढक रखा है।...कारपोरल की बात सुनकर उसके हाथ स्टीयरिंग पर कसते जा रहे हैं, ज़ोर से, और ज़ोर से। दबाव पड़ने के कारण उँगलियाँ सफ़ेद होती जा रही हैं। उसमें से ख़ून खिंचता जा रहा है। अन्य प्रश्न पूछने के लिए उसका साहस नहीं हो रहा।

"कापल, क्या तुमने नम्बर 57 स्का. के फ्ला. ले. विनय शर्मा को फ़ोन करने के लिए कहा है?"

"यस, मैडम। वह अभी–अभी तो यहाँ से निकलकर अपने स्क्वाड्रन गये हैं।"

और उसने स्टीयरिंग पर से हाथ उठाया, अपने बाल पीछे करने के लिए। स्प्रिंग की जैसे खुलने पर शक्ति निकल जाये वैसे ही पहले उसका हाथ ढीला पड़ा और फिर सारा शरीर अशक्त हो गया और वह कार के दरवाज़े के साथ नीचे लुढ़क गयी।

तब तक गार्ड रूम से सार्जेंट वहाँ प्रवेश द्वार पर आ चुका है। वह कार का दरवाज़ा खोलता है। उस औरत को पकड़कर सहारा देकर बाहर निकालता है। दादी उसके सिर पर हाथ फेर रही है, दूसरे हाथ से माला फेरे जा रही है।

अब उसे गार्ड रूम के अन्दर पड़ी बेंच पर लिटा दिया गया है। सार्जेंट ने एक हीटर लगा दिया है, पास जलती हुई अँगीठी रख दी है। दादी उसे बताती है कि बेहोश लड़की शर्मा की पत्नी है। कल सुबह पाकिस्तान रेडियो से शर्मा के मरने का समाचार सुना था। अब जब प्रवेश द्वार पर कापल ने उसके ज़िन्दा होने की बात बतायी तो बेहोश हो गयी।

सार्जेंट 57 स्क्वाड्रन में फ़ोन कर चुका है। शर्मा पहुँच रहा है। फिर वह वायु सेना के हस्पताल की यूनिट में फ़ोन करता है, मिसेज़ शर्मा के बेहोश होने की बात बताता है, डॉक्टर वहाँ पर एकदम पहुँचने का आश्वासन देता है।

शर्मा का मोटर साइकल गार्ड रूम के बाहर रुकता है। वह लगभग भागता हुआ गार्ड रूम में प्रवेश करता है। दादी उसकी ओर देखे जा रही है। वह नीचे झुककर उसके चरणों को दोनों हाथों से छूता है।

दादी उसे ऊपर उठाती है। उसका माथा चूमती है। धीरे–धीरे सारे शरीर पर हाथ फेरती है। देख रही है, अंग–प्रत्यंग ठीक है, सुरक्षित है। फिर उसकी आँखों से आँसू गिरने आरम्भ हो जाते हैं, चुपचाप और लगातार। पहाड़ पर गिरी बर्फ़ पिघल रही है। पास खड़े पुलिस के वायुसैनिक की आँखें भी डबडबा आयी हैं। सबको पता लग गया है कि यहाँ पहुँचने तक दादी और पत्नी, दोनों सोच रही थीं कि विनय की मृत्यु हो चुकी है।

शर्मा अपनी पत्नी के पास बेंच पर बैठ गया है। उसका हाथ दोनों हाथों में दबा रखा है। धीरे–से बुलाता है–

''मुक्ता, देखो कौन बुला रहा है?''

दिसम्बर के महीने में रात भर कार चला कर यहाँ तक पहुँचते हुए उसके शरीर में सर्दी घर करके बैठ गयी है। वह धीरे–से आँखें खोलती है। दादी मुँह पर पड़े उसके बाल पीछे करती है। यह रोती क्यों नहीं? अन्दर जमे हुए दुःख को बाहर क्यों नहीं निकलने देती?

मुक्ता बड़ी–बड़ी स्याह आँखें खोलकर उसकी ओर देखे जा रही है। अब उठकर बैठ गयी है। आँखों की उदासी धीरे–धीरे उड़ रही है। होंठ हिलते हैं और फिर बाँध टूट जाते हैं। वह फफक–फफक कर रो रही है। उसका सिर शर्मा के वक्ष पर पड़ा है और वह उसके भूरे–भूरे बालों पर लगातार हाथ फेरे जा रहा है।

इसी बीच विंग कमांडर धावन ने घर फ़ोन कर दिया है। उसकी पत्नी कार लेकर गार्ड रूम पहुँच गयी है। धावन भी यहाँ आ गया है। वह दादी का हाथ थाम कर उन्हें बाहर ला रहा है। मिसेज़ धावन ने अपना कोट उतार कर मुक्ता को पहना दिया है। सब कार में बैठ गये हैं। कार का दरवाज़ा बन्द करके शर्मा मुक्ता से कहता है–

"डार्लिंग, मैं अभी आया। ज़रा सरगोधा तक एक चक्कर लगा आऊँ।"

पत्नी का चेहरा तन जाता है। लगता है, वह पति को सरगोधा जाने से रोकने लगी है। फिर वह विनय के चेहरे को देखती है, जिस पर वही निर्मल, नॉर्मल और बच्चों की–सी मुस्कान की रोशनी फैली हुई है। उसके अपने चेहरे का तनाव कम होता है। मुस्कान का संकेत आँखों में जन्म लेता है और फिर सारा चेहरा, सारा शरीर उसमें नहा जाता है। वह खनकती आवाज़ में कहती है–

"गुड लक। एंड कम बैक सून।"

मिसेज धावन कार को मोड़कर दरवाज़े के बाहर ले आती है। कार उनके घर की ओर चल पड़ी है। मुक्ता अपना हाथ दादी की गोद में रख देती है। दादी के पाठ करते होंठ उसका माथा चूम लेते हैं।

वह गर्म–गर्म बिस्तरे में लेटी है। विनय की मुस्कान बद्ध होकर उसकी आँखों में बैठ गयी है। उस दिन भी तो यही मुस्कान थी, बच्चों की–सी मासूम; जब विनय उसे पहली बार मिला था। हाँ, पहली...।

शर्मा उस दिन फ़्लाइंग अफ़सर था। हंटर विमान चलाता था। उस दिन दोपहर का समय था। निर्मल नीले आकाश में उसका हंटर बहुत ऊँचाई पर उड़ रहा है। आकाश में इतने ऊँचाई पर मन में क्या–क्या भावनायें उठती हैं! इस सारे वायुमण्डल का वह स्वामी है। एक छत्र राज्य है। इतनी ऊँचाई पर कोई परिन्दा भी नहीं उड़ रहा है। विमान के शक्तिशाली पंख किसी दैत्याकार मछली की तरह आकाश और वायुमण्डल का सीना चीरे जा रहे हैं।

वायु बहुत साफ़ है। आँख कितनी दूर–दूर तक, लगभग पाँच मील की परिधि में स्पष्ट सब कुछ देख सकती है। कहीं पर कोई धूल का कण नहीं है। साफ़ जल ठहरा हुआ, नीला पानी और नीला आकाश। काश, कहीं शत्रु का विमान...। और शर्मा की उँगली लाल बटन की

ओर बढ़ जाती है। फिर वह अपनी मूर्खता पर मुस्कराता है। शत्रु कहाँ? आजकल तो शान्ति के दिन है। वह विमान के थ्राटल पर थोड़ा दबाव डालता है। अब हंटर विमान 45 अंश के कोण पर आ गया है। वह नीचे डाइव कर रहा है। विमान में लगा शक्तिशाली रोल्स रॉयस इंजन दहाड़ रहा हैं, गर्जना कर रहा है। शरीर में रक्त की गति बढ़ रही है, सिर में इसका दबाव बढ़ रहा है। वह आठ हज़ार फुट की ऊँचाई पर विमान को सीधा करता है। विमान फिर वायुमण्डल में तैर रहा है।

विमान के शीशे पर क्षणांश के लिए चमक पड़ती है। शर्मा सिर घुमाकर उसकी ओर देखता है। फिर उसकी नज़र तेज़ गति से चलती हुई एक लम्बी रोशनी पर पड़ती है। वह विमान की गति बढ़ा देता है। दूसरे विमान के पास पहुँच गया है। विमान पर लिखे शब्द वह इतनी दूर से पढ़ लेता है। एयर इण्डिया। अपना ही यात्री–विमान है। उसके होंठों पर मुस्कान आ जाती है। थोड़ा तंग किया जाये उसके कैप्टन को।

वह अपने विमान को ऊपर ले जाता है। फिर नीचे की ओर झपटा मारता है। अब हंटर एयर इण्डिया विमान पर 90 अंश के कोण पर झपट रहा है, और उसके पास पहुँचकर शर्मा हंटर के थ्राटल को छूता है और उसका विमान एयर इण्डिया के विमान के पास से होता हुआ नीचे गुज़र जाता है। वायु में ज़ोर का कम्पन हुआ है। यात्री–विमान काँप गया है। कैप्टन के चेहरे से एक क्षण के लिए रक्त सिंच गया है। कौन इस यात्री–विमान पर आक्रमण...। हंटर गोल चक्कर काट कर इस ओर बढ़ रहा है। कैप्टन की अभ्यस्त आँखें विमान को देख रही हैं, पहचान लेती हैं। भारतीय वायुसेना के निशान साफ़ दिख रहे हैं। उसका चेहरा क्रोध के मारे लाल हो रहा है। वायुसेना का कोई नया–नया अफ़सर होगा। इतनी ख़तरनाक शरारत का परिणाम कितना भयानक हो सकता है; शायद जानता नहीं।

अब हंटर यात्री–विमान के बिल्कुल समानान्तर उड़ रहा है। लगता है, दोनों विमानों के पंख छू जायेंगे। कैप्टन रेडियो पर हंटर–वैमानिक से कहता है–

"डोंट बी ए ब्लडी फूल। अपने विमान को परे ले जाओ। अगर कहीं कुछ हो गया तो....? जानते हो, इस समय मेरे विमान में चालीस यात्री हैं।"

"ओ. के. बेबी, डर गये हो? मैं जा रहा हूँ। गुड बाई।" और जाने से पहले हंटर एक बार और यात्री–विमान के पास से गुज़रा।

कैप्टन ने घड़ी देखकर समय नोट किया। जिस ऊँचाई और डिग्री पर हंटर उड़ रहा है, उसे भी नोट किया। नीचे जाकर वायुसेना में रिपोर्ट करेगा। उनको अपने रिकार्ड से पता चल जायेगा कि इस समय कौन वैमानिक उस स्थल विशेष पर उड़ान भर रहा था और वह सख़्त कार्रवाई के लिए सिफ़ारिश करेगा। एयर होस्टेस उससे पूछती है कि कुछ क्षण पूर्व इतना शोर क्यों सुनायी दिया था? वह जवाब देता है–

"कुछ नहीं, मुक्ता। कोई वायुसेना का बास्टर्ड शरारत कर रहा था। आई विल टीच हिम ए लेसन।"

हाँ, उस दिन उस यात्री–विमान की परिचारिका मुक्ता थी, जब विनय शर्मा ने यह शरारत की थी।

यात्री–विमान के कैप्टन ने नीचे उतरते ही पहला काम यही किया कि पास ही लड़ाकू विमानों का जो नया स्टेशन बना था, वहाँ फ़ोन किया। विंग कमांडर ने अपने सार्जेंट से पूछने के बाद बताया कि उसी के स्क्वाड्रन के वैमानिक ने ही यह शरारत की थी। कैप्टन जोज़ेफ़ ने शर्मा के ओ. सी. को बताया कि शर्मा को कोर्ट मार्शल होना चाहिए, नहीं तो वह वायुसेना मुख्यालय में रिपोर्ट करेगा। विंग कमांडर जानता है कि आकाश में जब वैमानिक इतने शक्तिशाली विमान को लिये निर्द्वन्द्व उड़ रहा हो, तो कभी–कभी नये अफ़सर ऐसा गम्भीर अपराध, जिन्हें वह शरारत समझते हैं, कर बैठते हैं। बात बढ़ जाये तो गम्भीर रूप धारण कर लेती है। वैमानिक का भविष्य तबाह हो जाता है। उन्होंने कैप्टन जोज़ेफ़ को आश्वासन दिया कि वह एक्शन लेंगे। शाम को उन्हें अपने मेस में आमन्त्रित किया, ताकि सारी बात हो सके। फिर शर्मा को बुलाकर कहा–

"मैं तुम्हें इस गलती पर गिरफ़्तार करके घर में क़ैद (हाउस–एरेस्ट) कर सकता हूँ। अगर कैप्टन जोज़ेफ़ लिखकर रिपोर्ट करेगा तो तुम्हारा कोर्ट–मार्शल होगा। उसके ऑफिस जाकर क्षमा माँगो। यह हीरो वाले स्टंट फ़िल्मों में चलते हैं। तुमसे ज़रा–सी गलती हो जाती, विमान टकरा जाते तो...?"

शर्मा अपनी वर्दी में एयर इण्डिया के ऑफिस में पहुँच गया है। अन्दर चिट भेजता है। बुलावा आ जाता है। कैप्टन जोज़ेफ़ के सामने

वाली कुर्सी पर एक लड़की बिल्ली की तरह सिकुड़ कर बैठी है। शर्मा अन्दाज़ा लगा लेता है उसकी साड़ी से कि विमान परिचारिका है।

कैप्टन जोज़ेफ़ और मुक्ता उसे आँख उठाकर देखते हैं। चेहरे पर बच्चों की–सी मुस्कान है। मशीनी हरकत से अपने माथे पर से बाल पीछे कर लेता है। चेहरे से लगता नहीं कि माफ़ी माँगने आया है। कैप्टन उसे बैठने तक के लिए नहीं कहता।

''यस, क्या बात है?'' कैप्टन जान–बूझकर अनजान बनता है।

''सर, मैं माफ़ी माँगने आया हूँ। आज आपके विमान के पास मैंने ही हंटर उड़ाया था।''

कैप्टन के चेहरे पर फिर से क्रोध दिखायी देता है। वह अपनी वर्दी की बाँह पर और उस पर चमकते अपने पद के गोल दायरों पर हाथ फेर रहा है।

"ओ। तो तुम्हीं वह हीरो हो? तुम जैसे अनुशासनहीन लोगों को वायुसेना में भर्ती कौन कर लेता है? इतना ख़तरनाक मज़ाक़ करते हुए तुमने कुछ सोचा नहीं? अगर विमान टकरा जाते तो...?'' शर्मा जानते है, यह बूढ़ा बन रहा है। विमान यूँ नहीं टकराया करते, पर उसने चुप रहना ही ठीक समझा। केवल इतना कहा–

''सर, मुझसे गलती हो गयी। आगे से ऐसा नहीं होगा। मुझे अपने ऊपर कंट्रोल नहीं रहा। और ओ. सी. ने आप को शाम को मेस में इन्वाइट किया है।"

कैप्टन इस युवा वैमानिक को देख रहा है। इसका भविष्य ख़त्म हो जायेगा। फिर उसे अपनी जवानी के दिन याद आ गये। नया–नया विमान चलाना शुरू किया था, तो इसी तरह आकाश–पति होने की भावना मन में उठती थी। उसके चेहरे का तनाव कम हो गया है।

''ठीक है। शाम को मेस में बात होगी।''

शर्मा सैल्यूट करके बाहर निकल आया है। कुछ क्षण बाद विमान परिचारिका भी बाहर आ गयी। वह उसके पास थम गयी।

''क्या यहाँ कहीं एक कप चाय मिल सकती है?'' शर्मा ने तनी आवाज़ में पूछा।

वह उसे कैंटीन में ले गयी। शर्मा ने पहली बार उसे ध्यान से देखा। कटे हुए भूरे बाल रेत की तरह उसके एक गाल पर बैठ जाते हैं। आँखों

के राजमहल कितने काले स्याह हैं? चलती है तो किसी जंगली बिल्ली का आभास देती है, जो अभी–अभी छलाँग लगा देगी।

"मैं भी कैप्टन जोज़ेफ़ के विमान में थी।"

शर्मा की बड़ी–बड़ी आँखें उसे देखे जा रही हैं। गुस्से का संकेत झलकता है।

"अब क्या मुझे आपसे भी माफ़ी माँगनी पड़ेगी?"

वह झटके–से अपने बाल पीछे करती है, धीमी और कठोर आवाज़ में कहती है–

"फ़्लाइंग अफ़सर। मैंने तुम जैसा बदतमीज़ आदमी आज तक नहीं देखा। मैं तुम्हारे साथ चाय पीना अपमान समझती हूँ।" और वह उठ खड़ी हुई।

शर्मा को उसकी दी हुई गाली बिल्कुल बुरी नहीं लगी है। जीवन में पहली बार किसी की डाँट अच्छी लगी है। उसका हाथ पकड़ कर कुर्सी पर फिर से बिठा देता है।

"आई एम सॉरी। बात यह है कि आज मेरा दिन ही बुरा है। पहले विंग कमांडर से गालियाँ सुनीं, फिर उस बैलगाड़ी चलाने वाले तुम्हारे कैप्टन से और अब तुमसे। दिस इज़ माई अनलकी डे।"

वह मुस्करा रही है। दोनों का परिचय होता है। विनय शर्मा। मुक्ता मेहता। वह बैलगाड़ी वाली बात पर अब भी हँस रही है। शर्मा बताता है कि फ़ाइटर पायलट यात्री और सामान ढोने वाले विमानों को 'बैलगाड़ी' कहते हैं। मुक्ता बताती है कि कैप्टन जोज़ेफ़ दिल का अच्छा आदमी है। शाम को उसके ओ. सी. के साथ दो–चार पैग पियेगा तो सारी बात रफ़ा–दफ़ा हो जायेगी।

वह उठती है। उसे घर जाना है। शर्मा अपने साथ मोटरसाइकिल पर चलने को कहता है। वह आनाकानी करती है, एयरलाइंस की बस छोड़ आयेगी। शर्मा ज़ोर देता है। वह मान जाती है। विनय की आँखों में फिर से शरारत है। आज यह इसे दूसरी बार डरायेगा। मोटरसाइकिल पर बैठे तो सही।

मुक्ता विनय के पीछे बैठ जाती है। गेट से बाहर आते ही शर्मा मोटरसाइकिल की गति बढ़ा देता है। वह उसकी कमर के गिर्द अपनी बाँह लपेट देती है। सामने ईंटों से भरा एक ट्रक जा रहा है। विनय हॉर्न

दिये जा रहा है। ट्रक आगे निकलने के लिए रास्ता नहीं दे रहा। मुक्ता जानती है अब वह मोटरसाइकिल की गति कम करेगा क्योंकि आगे चौक है। पर नहीं। मोटरसाइकिल के इंजन ने किसी घायल जानवर की तरह गुर्राहट की, उसकी गति बढ़ी और ट्रक की गलत दिशा (रॉँग साइड) से मोटरसाइकिल आगे निकल गयी। अब वह विनय की पीठ से चिपक गयी है। सामने से कार आ रही है। मोटरसाइकिल रोकना असम्भव है। वह गति और बढ़ा देता है। मुक्ता का कन्धा कार से छू जाता है। चौक की बत्ती लाल हो चुकी है, लेकिन विनय उसी तेज़ी–से मोटरसाइकिल आगे निकाल ले जाता है, दोनों दिशाओं से आती–जाती गाड़ियाँ ब्रेकें मारती हैं। पुलिसवाले की सीटी की आवाज़ हल्की–सी सुनायी देती है लेकिन तब तक विनय बहुत आगे निकल आया है। इतने कम समय में मुक्ता तीन बार मरते–मरते बची है। तीन भयानक दुर्घटनायें हो सकती थीं। वह महसूस करती है कि अब भी उसका शरीर काँप रहा है। कमर पर रखे उसके हाथ को विनय धीरे–से थपथपा देता है।

मोटरसाइकिल उसके घर के आगे पहुँच गयी है। मुक्ता नीचे उतर कर फट पड़ती है–

''शर्मा, यू आर मैड। मैं कहती हूँ, तुम्हें पायलेट किसने बनाया है? आगे से मुझसे कभी बात मत करना।''

विनय मुस्कराये जा रहा है। मुक्ता देखती है कि मुस्कान का हल्का–सा आभास पहले विनय की आँखों में मिलता है, फिर यह मुस्कान छलाँग लगाकर होंठों पर आ जाती है और फिर सारा चेहरा इस मुस्कान में धुल जाता है। वह अपने गुस्से के हथियार डाल देती है। इस विजयी मुस्कान के सामने वह कितना निर्बल महसूस कर रही है?

''अब यहाँ तक आये हो तो अन्दर आ जाओ। एक कप चाय पीते जाओ।'' मुक्ता ने कठोर आवाज़ में यह बात कहनी चाही थी,लेकिन बरबस उसकी हँसी फूट गयी और विनय ने उसके घर में प्रवेश किया, उसके जीवन में भी प्रवेश कर गया।

...बाहर जीप के हॉर्न की आवाज़ सुनायी दे रही है। वह गर्म–गर्म बिस्तरे से बाहर निकली है। मिसेज धावन भी बरामदे में आ गयी हैं। विनय और धावन, दोनों जीप से बाहर निकलते हैं। मुक्ता लम्बी साँस लेती है, जो आशंका के कारण अन्दर क़ैद हुई पड़ी थी। मिसेज धावन

मुस्कराती हैं। बेचारी पहली बार युद्ध देख रही है। तभी इतनी डरी है। युद्ध में आत्मविश्वास बढ़ जायेगा। 65 के युद्ध में मिसेज धावन भी डरी–डरी रहती थीं, अब सब कुछ नॉर्मल लगता है। यह तो होता ही है। शर्मा उसकी बाँह पकड़ कर अन्दर लिये जा रहा है। उसके चेहरे पर वह मुस्कान है, सर्वविजयी और मन्त्रमुग्ध कर देने वाली।

स्क्वाड्रन के चार विमान एक–एक करके लौट रहे हैं। आक्रमण कक्ष में विंग–को धावन, शर्मा और अन्य वैमानिक इनकी रिपोर्ट की प्रतीक्षा कर रहे हैं। विमान हैंगर के सामने वाले स्थान पर आकर थम जाता है। वायुसैनिक विमानों के पास पहुँचते हैं। एक विमान के पास भीड़ लगी हुई है। वैमानिक के ऊँचा–ऊँचा बोलने की आवाज़ आ रही है। धावन शर्मा को वहाँ जाने का संकेत करता है। शर्मा वहाँ पहुँचता है तो फ्लाइट लेफ़्टिनेंट कपूर एक कारपोरल को बुरी तरह डाँट रहा होता है।

"कापल, मैं तुम्हारा कोर्ट–मार्शल करवा दूँगा। तुमने विमान में गोला–बारूद ठीक तरह से नहीं भरा। मैंने जब गोली चलाने का बटन दबाया तो कुछ नहीं हुआ। तुमने शत्रु से मेरा मर्डर करवा देना था।"

शर्मा जानता है कि कापल खन्ना बहुत अच्छा काम करने वाला सैनिक है। इतनी भयानक लापरवाही उससे कैसे सम्भव हो सकती है। कपूर बोल तो बहुत ज़ोर–से रहा है, लेकिन उसके चेहरे के हाव–भाव डरे–डरे–से क्यों हैं? उसकी आवाज़ में सच्चाई से अधिक नाटकीयता का आभास क्यों मिल रहा है? सारे वायुसैनिक चुपचाप खड़े हैं। कापल खन्ना का चेहरा नफ़रत और क्रोध से भरा दिखायी दे रहा था। वह धीमी, लेकिन कटु आवाज़ में जवाब देता है।

"सर, विमान में मैंने खुद गोला–बारूद डलवाया था। यह पॉसीबल नहीं कि रॉकेट गलत भरे गये हों। मैं अभी ठहरे हुए विमान में बैठ कर फायरिंग बटन दबाता हूँ। अगर गोलियाँ चल पड़ीं तो विमान के फटने के साथ मैं तभी मर जाऊँगा, नहीं तो मैं कोर्ट–मार्शल फेस करने के लिए तैयार हूँ।

अब शर्मा ने बीच में पड़ना ठीक समझा–

"कापल खन्ना! तुम मेरे पास कुछ देर में रिपोर्ट करो। इस विमान को कोई भी हाथ मत लगाये। इसमें केवल फ़्यूल भर दिया जाये।"

शर्मा और कपूर बी.सी. के कमरे की ओर लौट रहे हैं। शर्मा कपूर को सिगरेट देता है। कपूर कोई बात नहीं कर रहा है। शर्मा को अचानक आभास होता है, निश्चय हो जाता है कि कपूर झूठ बोल रहा है। वह युद्ध क्षेत्र में प्रवेश करने से डर गया होगा। यहाँ आकर गोलियाँ न चलने का बहाना कर रहा है। विमान–भेदी तोपों के गोले हर बार वैमानिक को दहला देते हैं। वह उनके घेरे में जाकर आक्रमण करने से डर जाता है।

शर्मा धावन को सारी बात बताता है। धावन जानता है कि कपूर के साथ गये बाक़ी तीन वैमानिकों से खुले रूप में पूछताछ करना उचित नहीं। युद्ध के दिनों में इस प्रकार की घटनायें स्क्वाड्रन की कार्य–क्षमता पर वायुसैनिकों के मोराल पर बहुत बुरा प्रभाव डालती हैं, लेकिन अब तक वायुसैनिकों में यह बात फैल चुकी होगी कि कपूर ने उन पर ठीक से गोला–बारूद न भरने का इल्ज़ाम लगाया है। शर्मा धावन से कहता है–

''सर, मैं अगली उड़ान पर कपूर का विमान ले जाऊँगा। यह भी पता चल जायेगा कि गोला–बारूद ठीक से भरा गया है या नहीं?''

युद्ध कक्ष में बैठे बाक़ी वैमानिकों ने यह बात सुन ली है। सबके चेहरे गम्भीर हो गये हैं। वह जानते हैं कि शर्मा बहुत बड़ा ख़तरा उठा रहा है। अगर युद्धक्षेत्र में बटन दबाने पर गोलियाँ न चलीं तो शर्मा का जीवित लौट आना कठिन है। और अगर गोलियाँ चल गयीं तो कपूर का ध ाावन के हाथों से बचना कठिन है। धावन बाहर जाता है। कपूर झटके–से सिगरेट को परे फेंक कर बोलता है–

''शर्मा, यू आर ए बास्टर्ड। तुम मुझे फँसाना चाहते हो? मैं तुम्हें देख लूँगा?''

शर्मा के चेहरे से मुस्कान गुम हो जाती है। वह भी लम्बे–लम्बे क़दम भर कर कपूर को गले से पकड़ लेता है।

''तुमने फिर मुझे गाली दी, तो मैं तुम्हारा क़त्ल कर दूँगा। ब्लडी बास्टर्ड!''

बाक़ी वैमानिकों ने शर्मा को खींच कर परे कर लिया है। तभी ध ाावन अन्दर आ जाता है।

''व्हाट इज़ हैपनिंग?''

''नथिंग सर! सब एक आवाज़ में जवाब देते हैं।

धावन सामने दीवार पर लगे नक़्शे पर एक स्थान अपनी पेन्सिल रख कर बताता है–

''सेना के गुप्तचर विभाग ने सूचना दी है कि कश्मीर की घाटी में इस स्थान पर शत्रु ने अपनी एक डिवीज़न सेना जमा करनी शुरू कर दी है। उसकी मोटर गाड़ियाँ और टैंकों की मूवमेंट यहाँ देखी गयी है। कल बहुत बड़ा आक्रमण शत्रु की ओर से होने का डर है। आज हमारा एक विमान वहाँ यह टोह लेने तथा उस इलाक़े के चित्र खींचने के लिए जायेगा, ताकि ठीक उस स्थान पर पता चले जहाँ पर शत्रु ने अपने टैंकों और सैनिकों का जमाव कर रखा है और इस काम पर फ्ला. ले. शर्मा जायेगा।''

बाक़ी वैमानिक आराम–कक्ष में चले जाते हैं। धावन शर्मा से कहता है, ''तुम्हारा क्या ख़याल है? फ्ला. ले. कपूर कहीं झूठ तो नहीं बोल रहा कि गोलियाँ उसके विमान में ठीक से नहीं भरी गयी थीं।''

''सर, मुझे लगता है कपूर डर गया है। कल भी जब वह मेरी फॉर्मेशन में था तो टैंकों पर आक्रमण करने में ठीक से डाइव नहीं कर रहा था।''

''ठीक है। तुम्हें पता है, उसका बाप करोड़पति है। बिगड़ा हुआ लड़का है। उसका ख़याल है, एयरफोर्स का काम शराब पीना और लड़कियाँ फाँसना है। ठीक है। आज पता चल जायेगा। अगर वह झूठ बोल रहा है तो, ही विल बी आऊट ऑफ एयर फोर्स।''

फ्ला. ले. कपूर के जहाज़ में तेल भरा जा चुका है। विंग कमांडर ख़ुद शर्मा के साथ विमान तक आता है। कारपोरल खन्ना विमान के पास खड़ा है। ओ. सी. उससे कहते हैं–

''कापल, तुम्हें पक्का विश्वास है न कि गोलियाँ ठीक से भरी गयी थीं?''

''यस, सर''

''ओ. के. शर्मा, गुडलक!'' ओ. सी. वापस आ जाते हैं।

बाक़ी वैमानिक भी शर्मा के पास खिसक आये हैं। शर्मा मुस्करा कर खन्ना से कहता है–

''खन्ना, आई होप यू डोंट गेट मी किल्ड।'' वह विमान में बैठ चुका है। विमान धीरे–धीरे मुड़कर उड़ान–पट्टी की ओर पहुँच गया है। शर्मा अँगूठा ऊपर उठाकर 'सब ठीक' का इशारा करता है। कंट्रोल रूम से उड़ान की आज्ञा मिलती है और सुखोई–7 किसी पक्षी की तरह लम्बी उड़ान भर कर आकाश में पहुँच जाता है।

चारों ओर आसमान बिल्कुल साफ़ है। जाने–पहचाने शहर तेज़ी से पीछे छूटे जा रहे हैं। वह बिल्कुल अकेला है, इसलिए बड़ा अजीब लग रहा है। उसे पता है, यह मिशन बहुत महत्त्वपूर्ण है। शत्रु जहाँ पर अपनी सेना और टैंकों का जमाव कर रहा है वहाँ के चित्र लेकर सुरक्षित लौटना बहुत आवश्यक है। चित्र डेवलेप किये जायेंगे, स्थान का पता चलेगा और फिर वायुसेना के विमान शत्रु की किसी मूवमेंट से पूर्व ही आक्रमण कर देंगे। वह जानता है, शत्रु के टैंक अथवा तोपें उस पर गोलियाँ नहीं चलायेंगी। शत्रु यह ख़तरा नहीं उठा सकता कि उसकी छुपी हुई पोज़ीशन का पता चले। अब वह पहाड़ी प्रदेश में पहुँच गया है। वह पहाड़ियों के बीच उड़ान भर कर आगे बढ़ रहा है। लम्बे–लम्बे पेड़ बड़ी तेज़ी–से दौड़े जा रहे हैं। वह विमान में लगे यन्त्र से अपनी स्थिति को देखता है। आगे बहुत बड़े जंगल का विस्तार है। वह अब बिल्कुल पेड़ों की चोटियों से छूता हुआ उड़ान भर रहा है। पेड़ों के पत्ते हरे हैं, सब कुछ स्तब्ध है और पहले चक्कर में उसे कुछ दिखायी नहीं देता। शत्रु ने विमान की आवाज़ सुन ली होगी। नीचे सब प्रकार की मूवमेंट बन्द हो गयी है। अर्द्धगोलाकार चक्कर काटकर वापस लौट रहा है। अब विमान की गति धीमी है। उसके शरीर के अंग तन गये हैं। यह पेड़ों की पंक्ति टूटी हुई क्यों है? शत्रु के टैंक यहीं से आगे बढ़े होंगे। पेड़ों को काटते हुए, तोड़ते हुए वह आगे पहुँचे होंगे, जहाँ हरे पत्तों से, टहनियों से उन्हें ढँक दिया होगा, कैमोफ्लेज कर दिया गया होगा।

अब फिर से लौट कर विमान उसी स्थान से वापसी उड़ान भर रहा है। टैंक तो ढँके हुए हैं, लेकिन बाहर निकली तोपों की लम्बी नलियाँ स्पष्ट दिखायी दे रही हैं। शर्मा कैमरे का बटन दबा देता है। चित्र लगातार खींचे जा रहे हैं। अब वह दूसरे कोण से उड़ान भरता है। आँखें उस स्थान की, पेड़ों की हरियाली की आदी हो गयी हैं। सैनिक ट्रक साफ़ दिखायी दे रहे हैं। वह लगातार फ़ोटो खींचे जा रहा है। उसका विमान ऊपर उठ रहा है, वापस आने के लिए। अचानक सामने लगे शीशे पर क्षणांश के लिए एक चमकती लहर उभरती है, ग़ायब हो जाती है। उसके शरीर में लगे राडार से ख़तरे के संकेत आ रहे हैं। ज़रूर शत्रु के विमान हैं। नीचे से वायरलेस के द्वारा शत्रु ने अपने विमानों को यहाँ बुला लिया होगा। वह जानता है कम–से–कम दो सैवर जैट उसके पीछे होंगे। वह किसी भी मूल्य पर उसे वापस नहीं आने देंगे।

सू–7 के पीछे लगे छोटे–से राडार–यन्त्र पर संकेत मिलने आरम्भ हो गये हैं। दोनों विमान उसकी टेल पर हैं। विमान अब फ़ायरिंग रेंज में आ चुके हैं। वह आख़िरी क्षण तक प्रतीक्षा करता है और फिर नीचे डाइव कर जाता है। सैबरों से निकली गोलियाँ उसके विमान को छूती हुई गुज़र गयी हैं। दोनों सैबर ऊपर से गुज़र गये हैं।

वह अपने विमान को तेज़ी–से ऊपर उठाये लिये जा रहा है। सैबर जैटों को घूमकर उसके ऊपर आने में कुछ समय लगेगा। सू–7 आकाश–युद्ध में जैटों का मुक़ाबला नहीं कर सकता, पर डाइव करते हुए तो उसका विमान ध्वनि की गति को पार कर जाता है। कुछ क्षणों के लिए उसका विमान जैटों जितनी गति पकड़ जायेगा।

और फिर उसे उड़ान–शिक्षक की बात याद आ जाती है। नो–डिफेंस। युद्ध में आत्मरक्षा की सोचना बेवकूफ़ी है। अटैक, अटैक। शत्रु घबरा सकता है, डर सकता है, भाग सकता है, इट इज़ दि मैन टु काउंट्स। नॉट दि मशीन। वह जानता है दूसरी बार जेटों से बचना और भागना कठिन हो जायेगा। वह प्रार्थना करता है कि खन्ना ने गोलियाँ ठीक भरी हों, ये चल जायें। पीछे लगे राडार–यन्त्र पर कोई संकेत क्यों नहीं मिल रहा? यू ब्लडी फूल। इस बार शत्रु सामने से आक्रमण करेगा।

दोनों सैबर एक सीधी पंक्ति में सामने से उसकी ओर बढ़ रहे हैं, शर्मा भी बिल्कुल उसकी सीध में उड़ान भरे जा रहा है। लगता है सू–7 और सैबर दोनों विमान आमने–सामने टकरा जायेंगे। और उसकी उँगली लाल बटन पर दब गयी। विमान को हल्का–सा झटका लगा है। गोलियाँ लगातार चल रही हैं, शत्रु के विमान तेज़ी से आगे आ रहे हैं। आकाश में प्लेन टकरायेंगे। और आख़िरी क्षण पर शत्रु का एक वैमानिक हौसला छोड़ गया, उसका विमान सामने से नीचे डाइव कर गया। दूसरा विमान उसके विमान को छू–सा गया है। शर्मा की उँगली अब भी बटन पर दबी हुई है। गोलियाँ चल रही हैं, पर आकाश तो बिल्कुल साफ़ है। शत्रु का नाम–निशान कहीं भी नहीं। वह फ़ायरिंग बटन से उँगली उठा लेता है। कानों पर लगे फ़ोन पर आवाज़ सुनायी दे रही है ''डी फ़ॉर डेल्टा, डी फ़ॉर डेल्टा, अपनी पोज़ीशन बताओ।''

वह जानता है, श्रीनगर से नैट उसकी सुरक्षा के लिए उड़ान भर चुके हैं। वह अपनी पोजीशन बताता है। दो नैट उसके दायें–बायें उड़ रहे हैं।

''मुझ पर दो सैबर जैटों ने आक्रमण किया था। हो सकता है, अब भी पीछे हों।''

''डोंट वरी। नैट देखकर सैबर पास नहीं फटकेंगे।''

अब वह श्रीनगर को पार कर आया है। सुरक्षा की आवश्यकता नहीं। नैट के वैमानिक उसे 'गुडबाई' कह कर आकाश में गश्त लगाने के लिए लौट जाते हैं।

जाने–पहचाने नगर फिर से पीछे छूटे जा रहे हैं। घर नज़दीक आ रहा है। मुक्ता उसकी प्रतीक्षा कर रही होगी। जैसे कोई जल–पांखी पानी की सतह के पास उड़े, उसी प्रकार सू–7 उड़न–पट्टी को छूता हुआ नीचे उतर आता है। विमान हैंगर के पास पहुँच गया है। वैमानिक भागे हुए उसकी ओर आ रहे हैं। विमान थम जाता है। उसे पकड़कर नीचे उतारा जाता है। वह अँगूठा ऊपर उठाकर मिशन के सफल होने का संकेत देता है। ओ. सी. वहाँ पहुँच रहे हैं। कापल खन्ना उसकी ओर देख रहा है।

''खन्ना, गोलियाँ ठीक से भरी हुई थीं।'' और कापल के चेहरे पर ख़ुशी की लहर दौड़ जाती है। ओ. सी. फ़ोटो सेक्शन के अफ़सर से कहता है–

''फ़ोटो एक क्षण में डेवलप करके लाओ। एटवंस।''

शर्मा धावन को सारी घटना बताता है कि किस प्रकार दो सैबर जेटों ने उस पर आक्रमण किया और उसने गोलियाँ चला दीं। बड़ी कठिनाई से बच पाया।

''तो कपूर झूठ बोला था, ब्लडी फेलो बास्टर्ड।''

धावन ग्रुप कैप्टन से फ़ोन पर सारी बात कहता है। ग्रुपी आज्ञा देता है कि कपूर को आज ही दिल्ली वायुसेना मुख्यालय भेज दिया जाये।

धावन कपूर को बुलाकर कहता है–

''कपूर, तुम इसी वक़्त दिल्ली प्रोसीड कर जाओ। और सुनो, मेरी एक सलाह मान लो। वहाँ जाकर वायुसेना से त्याग–पत्र दे डालो। कोर्ट–मार्शल होगा तो सारी वायुसेना बदनाम हो जायेगी। ओ. के. नाऊ, गेट आउट।''

शर्मा फ़ोन पर मुक्ता से बात करता है, अपने ठीक–ठाक लौट आने की सूचना देता है। स्क्वाड्रन के अन्य वैमानिकों में यह सारी घटना विस्तार से बताता है। तभी फ़ोटो–सेक्शन से फ़ोन आता है। धावन सुनता है। उसके चेहरे पर हैरानी फैले जा रही है–

"नहीं, यह पॉसीबल नहीं।"

"सर, मैंने रील डेवलप कर ली है। आप आकर देख लें।"

ओ. सी. फ़ोन नीचे रख देता है। उठकर शर्मा का हाथ थाम लेता है–

"कांग्रेट्स। तुमने एक सैबर मार गिराया है। तुम्हारी गोलियाँ सैबर को लग गयी थीं। फ़ोटो में स्पष्ट से उसके इंजन में लगी आग दिखायी दे रही है। उस क्षेत्र में स्थित हमारी सेना इस किल को शाम तक अवश्य कन्फ़र्म कर देगी।"

बाक़ी वैमानिक उससे हाथ मिला रहे हैं, पर शर्मा को किसी प्रकार घमण्ड, गर्व नहीं हो रहा। सौ में से एक चांस है कि सू–7 आकाश युद्ध में सैबर को मार गिराये। वह चांस उसे आज मिल गया है, लेकिन भविष्य में.....? और फिर उसने बलपूर्वक अपने मस्तिष्क को भविष्य के बारे में सोचने से रोक दिया। युद्ध में भविष्य कैसा? यह वर्तमान ही है जिसका कोई मूल्य नहीं। और उसने बड़े आराम से एक सिगरेट ली। उसके उड़ते हुए धुएँ को देख रहा है। इस वक़्त वह कुछ भी नहीं सोच रहा।

विनय और मुक्ता, दोनों पलंग पर लेटे हैं। चारों ओर गहरा अँधेरा है। दिसम्बर की हवा बाहर रोशनदानों पर दस्तकें दे रही है, अन्दर आने के लिए सिर धुन रही है। दस मिनट पहले ही ख़तरे का सायरन हो चुका है। मुक्ता ने विनय के कन्धे पर ज़ोर–से सिर छुपा रखा है, दबा रखा है। धीमी–धीमी आवाज़ जो लगातार आकाश में थी, अब कुछ तेज़ हो गयी है। मुक्ता का शरीर तन गया है, बिजली के कसे तार–सा सनसना गया है। वह उसके बालों में उँगलियाँ फेरता है।

"डर गयी? यह दुश्मन का विमान नहीं है, अपना मिग है। आकाश में पेट्रोलिंग कर रहा है।"

उसके शरीर का तनाव कम हो गया है।

"विनय, यह युद्ध कब समाप्त होगा? हम नॉर्मल ज़िन्दगी कब से जी सकेंगे?"

"मेरा ख़याल है, थोड़े दिनों की बात है। बांग्ला देश में तो शत्रु की वायुसेना पूरी तरह से तबाह हो गयी है, लेकिन इस सेक्टर में अभी

ज़बर्दस्त आक्रमण होगा। शत्रु को अपनी नाक तो रखनी है। अपने लोगों को हिन्दुस्तान से एक हज़ार साल लड़ाई रखने के सपने दिखाये हैं। यह सब पॉवर–पॉलिटिक्स है। अपनी गद्दी क़ायम रखने की बात। देश तो इन लोगों के लिए बाद में आता है। यह शे'र नहीं सुना क्या–

"बहुत दिनों से यह सिलसिला है सियासत का

कि बच्चे जब जवाँ हों तो क़त्ल हो जायें।"

"यह तो ठीक है, लेकिन आजकल नींद भी नहीं आती। डर लगता है, फिर सायरनों की आवाज़ तो कील की तरह दिल में गड़ जाती है।"

"नींद?" विनय ने उसकी बाँह पर अपने होंठ फेरे, "नींद इतनी ज़रूरी है क्या? याद नहीं, इश्क़ के दिनों में एक बार मैं कितने दिन सोया नहीं था?" विनय ने उसे छेड़ा।

"हटो, बक–बक मत करो।" मुक्ता ने उसके कान को हल्के से दाँतों से दबा कर कहा।

विनय जानता है, वह अँधेरे में भी इस समय शरमा रही होगी उन दस दिनों की याद करके। अभी उनकी जान–पहचान को थोड़े दिन ही हुए थे। उन दिनों मुक्ता रात को उड़ने वाले विमानों की परिचारिका थी। दिल्ली से आधी रात को उसका विमान उड़ा करता था। विनय प्रतिदिन अम्बाला से दिल्ली मोटर साइकिल पर पहुँच जाता था। आधी रात तक दोनों साथ–साथ रहते। फिर मुक्ता को विदा करके वह वापस अम्बाला की ओर मोटर साइकिल पर भागता था। यहाँ पहुँचते–पहुँचते छः बज जाते थे। फिर आधे घण्टे में तैयार होकर उसे वायुसेना स्टेशन पहुँचना होता था।

तीन दिन यह सिलसिला चला तो मुक्ता ने मना किया, रोज़ आने के लिए।

"देखो, तुम इतनी रात गये मोटर साइकिल पर इतना लम्बा सफ़र करते हो। मुझे तो हमेशा डर लगता है। सनीचर को यहाँ आया करो ना! आराम से अगले दिन शाम को वापस लौट जाया करो।"

"क्यों? की न डरपोक हिन्दुस्तानी औरतों वाली बात? डर किस बात का? सुनो, कोई गड़बड़ तो नहीं? विमान में कोई एक्टर या अमीर लाला तो नहीं टकरा गया?"

"आ गये न अपनी बक–बक पर? अपने जैसा समझते हो क्या? मैं तो तुम्हारे आराम के लिए यह बात कह रही थी।"

"अपनी कहो। दिल रोज़ मिलने को करता है या नहीं?'"

मुक्ता ने कोई जवाब न दिया। उसने और बड़ी–बड़ी आँखें उठाकर देखा। विनय को लगा, आँखों में पानी की पतली पर्त तैर रही है। उसने उसका हाथ थाम लिया, दबा लिया। आज विनय ने पहली बार नोट किया है कि मुक्ता जब उदास हो जाती है तो उसका निचला होंठ किसी शिशु पक्षी के नन्हे पंखों की तरह लगातार फड़फड़ाता है। किनारे वाला टेढ़ा दाँत चमकता है, छुप जाता है, फिर चमकता है। और यह सिलसिला तब तक जारी रहेगा जब तक वह फिर से नॉर्मल–नेचुरल न हो जाये।

इतने दिन रात को नींद न लेने के कारण उसका सिर हर वक़्त घूमता रहता था, पत्थर का–सा हो गया था। उसके साथ ऑफ़िसर मेस के कमरे में फ्ला. ले. सन्धु रहता था। शर्मा का रोज़ रात को ग़ायब रहना, दिल्ली जाना उससे छुपा नहीं है। शर्मा एक दिन सुबह पाँच बजे दिल्ली से वापस कमरे में पहुँचा था। सात बजे के आसपास सन्धु ने उसे झिंझोड़कर, एक तरह से उसके साथ कुश्ती करके जगाया। शर्मा की आँखों की पलकें इस तरह जुड़ी हुई थीं, जैसे गोंद से चिपका दी गयी हों। खुलने का नाम न ले रही थीं। सन्धु ने खीझ कर कहा, "ओये ब्राह्मण के पुत्तर, यह क्या सोंहणी–महिवाल का क़िस्सा चला रखा है। साले, इतनी रात को जी.टी. रोड पर मोटर साइकिल पर सफ़र करता है ना। तेरे बाप ट्रक वाले रात को पिये होते हैं। किसी दिन कोई ऊपर चढ़ गया तो फिर बजाते रहना इश्क़ की बँसरी। साले पूजा–पाठ करने वाले घुस आये हैं एयरफोर्स में।"

"देख ओये सिक्खा। सवेरे–सवेरे क्या बूढ़ी औरतों की तरह उपदेश झाड़ रहा है? तेरे हाथ कोई लड़की लग गयी ना, तो साले कफ़न फाड़ कर उससे मिलने जाया करेगा। एक काम कर। मुझे मेडिकल रूम में छोड़ता जा। अब तो हिला भी नहीं जा रहा।"

आज सीनियर मेडिकल अफ़सर बाहर गया हुआ है। चलो अच्छा है, नहीं तो साला झट से सैनिक हस्पताल में भेज देता। फ्लाइंग अफ़सर गुप्ता हस्पताल का इंचार्ज है।

"क्यों गुप्ता, कोई आदमी नींद किये बिना कितने दिन ठीक से काम कर सकता है?"

"क्या बात है? जागते रहने का वर्ल्ड–रिकार्ड क़ायम करना है क्या?"

"देख ओ कसाई। फ़ज़ूल में बनने की कोशिश न कर। सीधे से मेरी बात का जवाब दे।"

शर्मा जानता है, गुप्ता को पहले से ही उसके रोज़ दिल्ली जाने, सारी–सारी रात जागते रहने की बात का पता है। कुँवारे अफ़सरों में एक–दूसरे की बात कम ही छुपी रहती है। उसे पता है, आजकल उसका नया नामकरण हो गया है–रोमियो।

"देखो, मिस्टर रोमियो। मेरा ख़याल है, पन्द्रह दिन तक तुम आराम से जागे रह सकते हो। उसके बाद जो होगा, देख लेना। और अगर सीनियर मेडिकल अफ़सर को तेरी हरक़तों का पता चल गया तो मेडिकल चेक–अप के लिए दिल्ली में सीधा साइकेट्रिस्ट के पास भेजेगा।"

"डोंट बी ए बास्टर्ड, गुप्ता। कोई गोली डालो, जिससे नींद खुली रहे।"

गुप्ता ने उसे चिट पर एंटी–स्लीपिंग गोलियों का नाम लिख दिया और बाज़ार से ख़रीद लेने को कहा। समझाया कि नींद का झोंका आने लगे तो एक गोली खा डाले।

आज उसे सोये हुए पूरे दस दिन हो गये हैं। सनीचर की रात है। मुक्ता के विमान के उड़ने में अभी दो घण्टे की देर है। वह बता रही है दो दिन अब बम्बई रहना है। किसी प्रकार की कॉफ्रेंस है। आज शर्मा कुछ चुपचाप है। मुक्ता ने एक–दो बार कारण पूछा तो वह टाल गया। आख़िर खीझकर उसने कहा–

"विनय, आख़िर बात क्या है? तीन दिन हम लोग मिलेंगे नहीं और तुम हो कि ठीक से बात भी नहीं कर रहे।"

"मुझे तुमसे एक ज़रूरी बात कहनी है।"

"तो कह डालो।"

शर्मा फिर चुप। मुक्ता के चेहरे पर एक नटखट मुस्कान आ गयी, "फ्लाइट लेफ्टिनेंट विनय शर्मा, तुम एक नम्बर के डरपोक हो, बुद्धू हो। तुम यही कहना चाहते हो न कि अब मेरे बिना नहीं रह सकते। मुझसे शादी करना चाहते हो। क्यों, ठीक है ना?"

शर्मा ने उसके हाथ पर अपने हाथ का दबाव बढ़ा दिया। मुस्करा कर मुक्ता ने कहा–

"हमने तुम्हारी प्रार्थना पर ध्यान से सोचा है। हमारा ख़याल है कि तुम अच्छे दब्बू पति साबित होगे। इसलिए हम तुम्हारी एप्लीकेशन स्वीकार करते हैं, लेकिन अब तुम क़ायदे से घर आओ।...डर गये पिता का नाम सुनकर? डोंट वरी, मैंने उन्हें पहले ही सब कुछ बता दिया है। बस, तुम्हारा चौखटा दिखाने की देर है। सब कुछ पक्का समझो।"

उसकी मोटर साइकिल तेज़ी से वापस दौड़ी आ रही है। यह हैंडल ज़ोर से काँपा क्यों जा रहा है? उसने रुक कर नींद न आने की दो गोलियाँ खायीं। चलो, कल तो सण्डे है। आराम से सोयेगा। अर्दली को उसने कल ही बता दिया था कि उसे सण्डे को बिल्कुल न जगाया जाये।

और वही कपड़े पहने हुए वह सो गया था। कमरा उसने अन्दर से बन्द कर लिया था।

कुँवारे अफ़सर के पास कमरे की सफ़ाई और दूसरे छोटे–मोटे काम करने के लिए सिवलियन अर्दली होते हैं। ये प्रायः बड़े–बूढ़े होते हैं जो अफ़सरों के रहने के स्थान के नज़दीक कई पुश्तों से रहते आ रहे हैं।

शर्मा का अर्दली रविवार को सुबह बारह बजे आया। साहब अभी सो रहे हैं। वह दरवाज़े के पास बाहर बैठ कर बीड़ी पीने लगा। बूढ़ी उमर में समय गुज़ारना, प्रतीक्षा करना शायद कोई ख़ास समस्या नहीं रहती। मेस आज लगभग ख़ाली है। सारे अफ़सर पिकनिक पर गये हुए हैं। उसने बाहर जाकर समय पूछा। चार बज गये हैं। लौट कर हल्के–से दरवाज़ा खटखटाया। कोई आवाज़ नहीं। साहब ने उठाने को मना किया था। वह जानता है, साहब को गुस्सा आ जाये तो लगता है, ख़ून कर देंगे। अर्दली ने रात को फिर चक्कर काटा। दरवाज़े पर दस्तक दी। कोई जवाब नहीं। मेस अभी भी सूना पड़ा है। पिकनिक से लोग लौटे नहीं हैं। हारकर अर्दली घर लौट गया।

वह सुबह वहाँ फिर पहुँच गया। दरवाज़ा वैसा–का–वैसा बन्द। अब उसे डर लग गया है। ज़ोर–ज़ोर से दरवाज़े पर मुक्के मारे। कोई जवाब नहीं। उसने ऊँचा–ऊँचा रोना आरम्भ कर दिया। साथ के कमरों में बाक़ी अफ़सर रोने की आवाज़ सुन कर बाहर दौड़ आये। अर्दली ने रोते हुए बताया–

"हमारा साहब मर गया है। कल से दरवाज़ा नहीं खोला।"

तीन–चार अफ़सरों ने मिलकर दरवाज़े को धक्के दिये, लेकिन कोई जवाब नहीं। अब वे लोग भी डर गये हैं। एक ने भागकर वायुसेना पुलिस के सुरक्षा अफ़सर को फ़ोन किया। थोड़ी देर में स्क्वाड्रन लीडर बिश्नोई जो आजकल सुरक्षा अधिकारी भी हैं, वहाँ जीप पर पहुँच गया।

शर्मा के कमरे के आगे अफ़सरों की भीड़ लगी है। बिश्नोई ने कहा–

"गेट बैक। व्हाट इज़ दिस रॉयट अर्ली इन द मार्निंग?"

अफ़सरों ने उसे सारी बात बतायी। रोते हुए अर्दली को बिश्नोई ने डाँटकर चुप कराया। अफ़सरों से उसने कहा–

"गिव मी ए हैंड। लेट अस ब्रेक दिस ब्लडी डोर।"

सबने ज़ोर लगाया। दरवाज़ा झटके–से टूट गया। पहले बिश्नोई अन्दर गया। शर्मा की नाक के आगे हाथ रखा। देखकर आश्वस्त हुआ कि साँस चल रही है। माथे पर रखा हाथ जल रहा है। बुख़ार इतना अधिक है कि शर्मा बेहोश पड़ा है। बिश्नोई ने फिर कहा–

"डोंट स्टैंड एंड स्टेयर लाइक इडियट्स, फ़ोन करके एम्बुलेंस बुलाओ। हरी अप।"

शर्मा को उसी समय मिलिट्री हस्पताल भेज दिया गया। बुख़ार एक सौ पाँच से ऊपर है। कमरे में बहुत सारी बर्फ़ रख दी गयी है, ताकि रूम टेम्प्रेचर भी कुछ कम हो जाये।

शाम को उसकी आँख खुली। बुख़ार कम हो गया है। चीफ़ मेडिकल अफ़सर विंग कमांडर सेन उसके पास खडे हैं। शर्मा मुस्कराने की कोशिश करता है।

"शर्मा, यू आर ए ब्लडी फूल। मुझे सब कुछ पता चल गया है। तुम बिना परमीशन के हर रोज़ दिल्ली जाते रहे हो। दिस कुड कॉस्ट यू यूअर लाइफ़। मैं तुम्हारी रिपोर्ट कर दूँ तो जानते हो क्या होगा?"

"सॉरी सर।"

मेडिकल विंग कमांडर बाहर जा रहे हैं। दरवाज़े पर थम जाते हैं। सिर पीछे घुमाकर पूछते हैं–

"क्यों शर्मा, वह लड़की क्या बहुत ख़ूबसूरत है?" फ़्लाइट लेफ़्टिनेंट सन्धु बड़ी देर से उसके कमरे में बैठा है। शर्मा धीमी आवाज़ में पूछता है–

"तू यहाँ कब आया?"

''बेटे, सवेरे से तेरे कमरे में बैठा हूँ।''

''थैंक्स। तुझे बड़ी परेशानी हुई।''

''साले, तेरी देखभाल के लिए थोड़े बैठा हूँ? बड़ी मुश्किल से एम. एच. में घुसने का मौक़ा मिला। तुझे तो पता है, मैं कभी बीमार भी नहीं पड़ता। आज तेरे यहाँ पहुँचने से मौक़ा मिल गया। मज़े से नर्सों को देख रहा हूँ। तेरे हाल—चाल पूछने के बहाने उनसे बात भी हो जाती है। सुन शर्मा, वह साँवली—सी नर्स है ना, जो अभी तेरा टेम्प्रेचर ले कर गयी है; यार क्या फैंटास्टिक फिगर है। साले, हमारी बात करा दे ना।''

और दोनों ज़ोर से हँस पड़े।

...विनय यह सारी बातें याद कर रहा है और अँधेरे में मुस्करा रहा है। वह तो जागने का आदी हो चुका है। दस दिन का रिकार्ड क़ायम किया है। सन्धु का ख़याल था कि शर्मा को इस कारनामे पर वायुसेना मेडल मिलना चाहिए...।

मुक्ता उसके कन्धे पर सिर रख कर सो चुकी है। गर्दन पर लगातार उसकी साँस पड़ रही है। वह करवट बदलना चाहता है। कन्धा थक गया है, पर नहीं। वह जाग जायेगी। उसे थोड़ी देर सो लेना चाहिए। सुबह शत्रु के सबसे सुदृढ़ और सुरक्षित हवाई अड्डे पर आक्रमण होना है। विंग कमांडर धावन ने कहा है कि यह ऑपरेशन बड़े भारी पैमाने पर होगा और फिर आने वाले कल के बारे में सोचते हुए उसे नींद आ गयी।

सवेरे के पाँच बजे हैं। हवाई अड्डे पर अँधेरे की चादर छाई हुई है। उड़न—पट्टी पर हवा बड़ी तीख़ी आवाज़ करते हुए चल रही है, लेकिन नम्बर 57 स्क्वाड्रन के सारे पायलेट और वायुसैनिक वहाँ पर पहुँचे हुए हैं। विंग कमांडर धावन हैंगर में खड़े तकनीकी सार्जेंट से बातचीत कर रहे हैं।

''सार्ज., आज सारे एयरक्राफ्ट आक्रमण के लिए जायेंगे। एक घण्टे के अन्दर सब विमान रन—वे पर होने चाहिए।''

''यस सर, सोलह विमान बिल्कुल तैयार हैं। ए—वन कंडीशन में, लेकिन...।

''लेकिन क्या? बाक़ी दो विमानों को क्या बीमारी है?'' विंग कमांडर ने ज़रा कड़ी आवाज़ में बात काट कर पूछा।

"सर, इनकी गन ठीक तरह से फायर नहीं कर रही। वी आर ट्राइंग अवर बेस्ट।"

"डैम इट। मैं तुम्हारे ट्राई करने में इंट्रेस्टेड नहीं, दोनों विमान, अभी, एकदम ठीक होने चाहिए, डू एनी ब्लडी थिंग। दैट्स एन ऑर्डर।"

तभी अड्डे पर ख़तरे का सायरन बजने लग पड़ा। इसका अर्थ है कि शत्रु के विमान यहाँ पर आक्रमण करने के लिए पहुँच रहे हैं, लेकिन वैमानिकों, वायुसैनिकों को इससे कोई घबराहट नहीं हो रही। उन्हें पिछले कई दिनों के अनुभव से पता है कि हवाई तोपों के मुँह खुलने पर विमान उनके घेरे में आने से घबराते हैं, बाहर स्टेशन से दूर ही बम फेंक कर लौट जाते हैं। हैंगर में विमानों को आक्रमण के लिए तैयार करने का काम बदस्तूर चल रहा है। विमान के यहाँ क़रीब पहुँचने की आवाज़ वायु लहरों पर तैरती हुई सब तरफ़ फैली जा रही है।

आज्ञा और नियम के अनुसार सब लोगों को खाइयों में चला जाना चाहिए, लेकिन विंग कमांडर वहीं खड़े हैं, इसलिए ट्रैंचों में जाने की आज्ञा–पालन करने की कोई भी आवश्यकता नहीं समझता।

शत्रु विमान बहुत क़रीब पहुँच गये हैं। स्टेशन पर लगी तोपों में से लाल रंग के ट्रैसर–बुलेट आकाश में फैल गये हैं। चारों ओर रोशनी हो रही है। विंग कमांडर हैंगर से बाहर आकर ठहर जाते हैं। शर्मा उनके साथ खड़ा है। दोनों सिर उठाकर ऊपर देख रहे हैं। आकाश में बहुत ऊँचाई पर हल्का–सा प्रकाश फैल रहा है। शत्रु के दो विमान बहुत ऊँचे उड़ रहे हैं। तोपों से लगातार गोलियाँ चल रही हैं। धावन शर्मा से कहते हैं–

"याह्या को युद्ध स्टार्ट करने से पहले अपने पायलेट्स से पूछ लेना चाहिये था। बास्टर्ड्स! यहाँ तक पहुँच गये हैं लेकिन एंटी–क्राफ्ट गनों से डरते हैं। बाहर बम फेंककर चले जायेंगे और वहाँ जाकर मिशन पूरा होने की रिपोर्ट देंगे।"

दोनों जहाज़ नीचे की ओर आ रहे हैं। फिर अचानक विमान धीमे होकर अड्डे के ऊपर से उड़ते हुए निकल जाते हैं। बम गिरने का ज़ोरों का धमाका होता है। हैंगर की टीन की बनी छत खड़–खड़ की आवाज़ करती है। फिर सब कुछ शान्त हो जाता है। शर्मा कहता है–

"सर, मेरा ख़याल है कि बम यहाँ से कम–से–कम दो मील दूर गिरे होंगे।"

"करेक्ट। टुडे वी विल गिव दैम द फ़ाइट आफ़ देयर लाइफ़।"

विंग कमांडर शर्मा के साथ फिर हैंगर में जाते हैं। सार्जेंट जोज़ेफ़ अँगूठा ऊपर उठा कर कहता है–

"ऑल एयरक्रॉफ्ट्स आर डिसेबल, सर।"

"शुड वी चार्ज। सारे विमान हैंगर से बाहर निकाल दो।"

विंग कमांडर और शर्मा बाहर आते हैं। जीप में बैठकर दोनों ब्रीफिंग–रूम में पहुँच जाते हैं। बाक़ी वैमानिक वहाँ पहले ही पहुँचे हुए थे। तभी स्टेशन कमान्डर ग्रुप–कैप्टन वहाँ पहुँच जाते हैं। सारे पायलट खड़े हो जाते हैं।

"सिट डाऊन, जैंटलमैन। यू कैन स्मोक इफ़ यू लाइक।"

ब्रीफिंग–रूम में माचिसें जलने का प्रकाश छिटकता है। ग्रुप–कैप्टन बताते हैं–

"आज हम शत्रु के सबसे बड़े अड्डे पर आक्रमण करेंगे। इस स्टेशन में नं. 57 स्क्वाड्रन और नम्बर सात स्क्वाड्रन के विमान एक्शन में भाग लेंगे। विंग कमांडर धावन इज़ द ओवर ऑल लीडर ऑफ़ दिस अटैक। ही विल ब्रीफ यू।"

धावन स्टेज पर आते हैं। एडजुटेन्ट रेंज के बने मॉडल के आगे से पर्दा हटा देता है। लगभग सब वैमानिक मॉडल देख कर ही स्थान को पहचान जाते हैं। सरगोधा।

धावन लम्बी छड़ी से अलग–अलग स्थानों को छू रहे हैं और बताते जा रहे हैं कि चार–चार के ग्रुप में विमान किस–किस स्थान पर आक्रमण करेंगे। यह कंट्रोल टॉवर है। द्वार–गेट नम्बर वन। यह ज़मीन के नीचे बने बंकर हैं। टार्गेट नम्बर टू। टार्गेट नम्बर थ्री, फोर, फाइव...।

थोड़ी–थोड़ी देर के बार रन–वे पर धमाका होता है और एक–एक जहाज़ ऊपर उड़ जाता है। सुबह के पूरे सात बज चुके हैं। आज विमान चोरी–छुपे आक्रमण नहीं कर रहे, क्योंकि लड़ाकू विमान मिग और जैट उनकी रक्षा के लिए ऊपर उड़ेंगे, एयर कवर देंगे। सबसे आख़िर में नं. 7 स्क्वाड्रन के पाँच .. विमान उड़ान भरते हैं, जो तीन हज़ार .. के कई बम सरगोधा की हवाई–पट्टी पर गिरायेंगे। कई फुट गहरे गड्ढे उड़न–पट्टी पर पड़ जायेंगे और फिर इन्हें ठीक करने–भरने में बहुत समय लगेगा। शत्रु के विमान सरगोधा से उड़ानें भर कर अगली स्थल सेना को किसी भी प्रकार की सहायता न दे पायेंगे।

विंग कमांडर बहुत ऊपर उड़ान भर रहे हैं। आज वह इस आक्रमण का नियन्त्रण करेंगे। हंटर, मिस्टीयर, मिग, जेट, कैनबरा और उसमें अपने स्क्वाड्रन के सुखोई–7 मिलाकर कुल एक सौ विमान इस आक्रमण में भाग ले रहे हैं।

सबसे पहला आक्रमण शर्मा अपने चार साथियों के साथ नियन्त्रण कक्ष पर करेगा।

सरगोधा आ गया है। छोटे–छोटे झुण्डों में विमान बहुत ऊँचाई पर उड़ान भर रहे हैं। धावन रेडियो–फ़ोन पर आज्ञा देते हैं–

''ज़ेब्रा कॉलिंग, नम्बर वन ग्रुप। ज़ेब्रा कॉलिंग। अटैक कंट्रोल टॉवर''

''ओ.के., अटैकिंग।''

''ज़ेब्रा कॉलिंग। ज़ेब्रा कॉलिंग। नम्बर टू ग्रुप। परमार। अटैक नियर द कंट्रोल टॉवर। लेफ़्ट साइड। शत्रु की विमान–भेदी तोपों का ध्यान बटाओ।''

''ओ.के, अटैकिंग।''

तभी विंग कमांडर धावन को मिग विमानों के लीडर ने सूचना दी–

''पैंथर कॉलिंग, ज़ेब्रा। पैंथर कॉलिंग, ज़ेब्रा। शत्रु के चार स्टार फ़ाइटर इस ओर बढ़ रहे हैं। अपने विमानों को आज्ञा दो कि नीचे उड़ान भरें। हम इन्हें इन्गेज़ कर रहे हैं। नीचे नहीं आने देंगे। पैन्थर, कॉलिंग ज़ेब्रा। ओवर।''

''ज़ेब्रा कॉलिंग आल ग्रुप लीडर। कम डाऊन टु वन थाऊजंड फीट। ज़ेब्रा कॉलिंग.... ।''

शर्मा और परमार के ग्रुप के चार–चार विमान नीचे की तरफ़ झपट चुके हैं। परमार अपने चारों विमानों के साथ कंट्रोल टॉवर के साथ बिल्कुल बायीं ओर आक्रमण कर देता है। विमान–भेदी तोपों के झुण्ड के मुँह खुल चुके हैं। चारों विमान रॉकेट बरसाते हुए ऊपर की ओर उठ गये हैं। तोपों के गोले उसी दिशा में चल रहे हैं।

शर्मा का विमान नब्बे के कोण पर नीचे झपटा चला आ रहा है। कंट्रोल टॉवर नज़दीक आ रहा है। और नज़दीक। और नज़दीक। फ़ायरिंग बटन पर उँगली दब गयी है। विमान को झटका लगता है। रॉकेट बाहर निकल रहे हैं और फिर चारों विमान ऊपर उठ गये हैं।

शर्मा सिर घुमाकर चारों ओर देखता है। केवल तीन विमान दिखाई दे रहे हैं। कंट्रोल टॉवर अभी वैसा–का–वैसा खड़ा है। केवल एक कोने पर डैमेज हुआ है। वह अपनी पोजीशन ले रहा है।

''ज़ेब्रा कॉलिंग, नम्बर वन ग्रुप। ज़ेब्रा कॉलिंग। तुम्हारा एक विमान तोपों के गोले से हिट हो गया है। वेट फ़ॉर नेक्स्ट अटैक। ज़ेब्रा...।''

धावन को गाँगुली ने तोप का गोला लगने पर सूचना दे दी थी। अब कोड–वर्ड में बात करने की आवश्यकता वह नहीं समझते–

''ज़ेब्रा कॉलिंग, गाँगुली। ज़ेब्रा कॉलिंग। गो बैक। गो बैक।''

धावन का विमान काफ़ी नीचे आ गया है। तभी एक जलता हुआ विमान उनके बिल्कुल पास से नीचे गिरता है। स्टार फ़ाइटर है। कानों में आवाज़ पड़ती है।

''किल्ड द बास्टर्ड्ज़।''

तभी नैट विमानों के ग्रुप लीडर की आवाज़ आती है–

''वुल्फ़ कॉलिंग, ज़ेब्रा। वुल्फ़ कॉलिंग। तुम्हारा एक विमान बाहर क्रैश कर गया है। पायलेट बैल–आऊट नहीं कर सका...।''

मिग लीडर कहता है–

''पैन्थर कॉलिंग, ज़ेब्रा। बास्टर्ड्ज़ भाग गये हैं। ऑल क्लीयर। प्रेस इन यूअर अटैक। ओवर।''

''ज़ेब्रा कॉलिंग। ग्रुप वन, टू, थ्री। ऑल विल अटैक कंट्रोल टॉवर। ओवर।''

और नम्बर 57 स्क्वाड्रन के शेष सत्रह विमान एकबारगी नीचे झपटते हैं। नियन्त्रण कक्ष के आसपास भयंकर गोलाबारी हो रही है। पाँच–पाँच सेकंड के अन्तर से रॉकेट बरसाते हुए जहाज़ ऊपर उठ जाते हैं। सारा नियन्त्रण कक्ष धू–धू करके जल रहा है। विमान–भेदी तोपें चुप हैं। बायीं ओर से केवल दो तोपें अभी भी चल रही हैं।

सुखोई–7 फिर से फ़ारमेशन में आ रहा है। तभी चार हंटर विमान सीधे होकर नीचे आ गये हैं। उनके शक्तिशाली इंजनों की आवाज़ वातावरण को चीर रही है। हंटर के ग्रुप लीडर ने विमान–भेदी तोपों की स्थिति मार्क कर ली है। नीचे आकर विमान एकदम दो–दो के ग्रुप में बँट जाते हैं। दोनों तोपों के ऊपर से विमान उड़ते हैं, रॉकेट बरसाते हैं और अचानक तोपों में से गोले चलने बन्द हो जाते हैं।

ज़ेब्रा को प्रत्येक विमान अपनी स्थिति की सूचना दे रहा है। दो विमान हिट हो चुके हैं। पन्द्रह ठीक हैं। बाक़ी दो को ज़ेब्रा वापस जाने का आदेश देता है। वह नैट लीडर को उन्हें एस्कॉर्ट करने के लिए आज्ञा देता है।

अब हंटर, मिस्टीयर और सुखोई–7 सरगोधा वायुसेना स्टेशन के हैंगरों पर आक्रमण कर रहे हैं। मिग और नैट ऊपर उड़ रहे हैं। शत्रु के लड़ाकू विमान वहाँ पहुँचने का साहस तक नहीं कर रहे। कहीं–कहीं से एक–एक गन चलती है और अगले ही क्षण मिस्टीयर और हंटर इस पर अटैक कर देते हैं। पलभर में तोप शान्त हो जाती है।

अब ज़ैब्रा उड़न–पट्टी पर बम गिराने के लिए कैनबरा विमानों को आज्ञा दे रहा है–

''ज़ेब्रा कॉलिंग, एलिफेंट। कम इन फ़ॉर अटैक, ज़ैब्रा कॉलिंग। ज़ैबरा कॉलिंग...।''

दस हज़ार फुट की ऊँचाई से कैनबरा किसी प्रागैतिहासिक पक्षी की तरह नीचे तैरते आ रहे हैं। वह बिल्कुल सीधी पंक्ति में उड़ान भर रहे हैं–एक के पीछे एक, एक के पीछे एक।

वे बिल्कुल रन–वे पर पहुँच गये हैं। तीन–तीन हज़ार पौंड के बम नीचे गिरते हैं। कँक्रीट और सीमेंट की बनी उड़न–पट्टी का सीना फट जाता है। मिट्टी, धूल और गर्द गुबार के बादल उठ रहे हैं। विमान आगे निकल जाते हैं।

ज़ेब्रा कहता है–

''ज़ेब्रा कॉलिंग, एलिफेंट। अटैक सक्सेसफुल। गो बैक टू यूअर बेस। गो बैक। ज़ेब्रा कॉलिंग। ओवर।''

सारा सरगोधा स्टेशन आग की लपटों में जल रहा है। आक्रमण पूरी तरह से सफल रहा है। प्रत्येक ग्रुप लीडर विमानों को अब वापस ले जा रहा है। केवल बीस मिनट के आक्रमण ने सरगोधा अड्डे को कम–से–कम चार दिन के लिए बन्द कर दिया है, नॉन–ऑपरेशनल कर दिया है।

सुखोई–7 अपने स्टेशन पर लौट आ रहे हैं। सबसे पहले ज़ेब्रा लैंड करता है। वैमानिक धावन विमान से बाहर निकलते हैं। सब चुप हैं। एक–एक लौटते हुए विमान को गिन रहे हैं। पन्द्रह पर आकर गिनती रुक गयी है। धावन जानता है कि गाँगुली मर गया है। उसके विमान के

लौटने का प्रश्न ही नहीं उठता, लेकिन बाक़ी दो विमान? क्या पायलेट छाते के द्वारा बाहर आ सके या नहीं? तभी कंट्रोल से उन्हें सूचना मिलती है कि एक घायल विमान आदमपुर हवाई अड्डे पर उतर गया है। वैमानिक घायल है, लेकिन ख़तरे की कोई बात नहीं।

शेष एक? उसका क्या हुआ? शायद थोड़ी देर में किसी शहर से किसी पुलिस चौकी से विमान गिरने की, वैमानिक के नीचे उतरने की सूचना टेलीफ़ोन द्वारा आये।

शर्मा अपने विमान के पास खड़ा है। कम–से–कम पाँच जगह तोपों के गोले लग चुके हैं। विंग कमांडर धावन तकनीकी अफ़सर और सार्जेंट जोज़ेफ़ को आज्ञा देते हैं–

"चेक दीज़ प्लेन्ज़। आई वॉन्ट देम ओ.के. विद–इन हाफ़ एन ऑवर फ़ॉर नेक्स्ट अटैक।"

वैमानिक जहाज़ों को धकेल कर हैंगर की तरफ़ लिये जा रहे हैं। विंग कमांडर ऊँची आवाज में कहते हैं–

"चीयर–अप चैप्स। इट वाज़ ए ग्रेट अटैक। वी क्लाबर्ड देम।"

वह आकर अपने ऑफ़िस में बैठ गये हैं। दूसरों को ख़ुश होने, चीयर–अप होने को कह आये हैं। ख़ुद चीयर–अप नहीं हो सकते। गाँगुली मर गया है। उसके घर पत्र लिखना है। और अपने स्क्वाड्रन के चौथे मृत वैमानिक के घर आज एक पत्र जायेगा। युद्ध में चीयर–अप क्या हुआ जा सकता है?

पूर्व बंगाल में युद्ध समाप्त होने को आ गया है। भारतीय सेनाएँ बड़ी तेज़ी से ढाका की ओर बढ़ रही हैं। विंग कमांडर धावन का विचार है कि अधिक–से–अधिक दो दिन युद्ध और चलेगा। इन दो दिनों में इस ओर शत्रु की युद्ध–मशीन को नाकारा करना है, इतना नुकसान पहुँचाना है कि शत्रु कुछ वर्षों तक युद्ध का नाम न ले सके।

आज नं. 57 स्क्वाड्रन के केवल आठ विमान ऑपरेशनल हैं। कल अमृतसर सीमा क्षेत्र में स्क्वाड्रन को पाँच बार आक्रमण करना पड़ा शत्रु के टैंक रोकने के लिए। एक वैमानिक और काम आया, एक के युद्धबन्दी बनने के पाकिस्तान रेडियो से समाचार आया है।

स्क्वाड्रन में एक रहस्यपूर्ण तनाव है। आज शेष आठ विमानों को यहाँ से अस्थायी तौर पर चले जाना है। शत्रु सीमा के पास के किसी भारतीय अड्डे से यह विमान उड़ानें करेंगे। वैमानिकों तथा वायुसैनिकों का अन्दाज़ा था कि स्क्वाड्रन पठानकोट पहुँचेगा, लेकिन नहीं। ब्रीफिंग में विंग कमांडर ने बताया विमान श्रीनगर पहुँचेगा, वहाँ से ऑपरेट करेंगे।

अपने विमान की ओर बढ़ते हुए शर्मा ने विंग कमांडर से पूछा, "सर, मेरा ख़याल है हम दुश्मन की राजधानी पर आक्रमण करेंगे। इसीलिए श्रीनगर मूव करने की आज्ञा मिली है।"

"यस। हम पेपर–टाइगर की गुफ़ा में जाकर आक्रमण करेंगे। राजधानी के पास ही अटक का तेल का कारख़ाना है। टार्गेट नम्बर एक। फिर बिल्कुल पास ही वायुसेना स्टेशन चकलाता है। टार्गेट नम्बर दो। रावलपिण्डी का बहुत बड़ा रेलवे स्टेशन है जहाँ से शत्रु की सेना, टैंकों और दूसरे हथियारों की मूवमेंट होती है। टार्गेट नम्बर तीन। यू विल हैव प्लेंटी ऑफ़ टार्गेट्स माई डियर। ओ.के., सी यू एट श्रीनगर!"

...विमान बिना किसी घटना अथवा दुर्घटना के श्रीनगर पहुँच गये हैं। विमानों से बाहर आते ही शीत लहर ने वैमानिकों पर आक्रमण कर दिया। आस–पास की पहाड़ियाँ बर्फ़ से ढकी हुई हैं। वायुसैनिकों ने विमानों को धकेल कर उड़न–पट्टी से नीचे जंगल में कर दिया है। ऊपर पेड़ों की टहनियाँ काट कर डाल दी गयी हैं। ऊपर से शत्रु विमानों द्वारा इन्हें खोज पाना, देखकर आक्रमण करना प्रायः असम्भव है।

फिर दूसरी ओर से तीन विमानों को जंगल से धकेल कर बाहर रन–वे पर खड़ा कर दिया गया है। इनकी पॉलिश चमक रही है, लगता है, अभी–अभी कारख़ाने से बनकर यहाँ पहुँचे हैं।

लेकिन यह विमानों का ढाँचा मात्र है। अन्दर इंजन आदि कुछ भी नहीं है। शत्रु–विमान इन्हें असली विमान समझ कर आक्रमण करेगा। हो सकता है, डैस्ट्रॉय भी कर दे। और फिर रेडियो पर तीन विमानों को ज़मीन पर ही ध्वंस कर देने की डींग हाँकी जायेगी।

आठों वैमानिक रन–वे से हैंगरों की ओर चल पड़े हैं। स्क्वाड्रन लीडर परमार बता रहा है–

"यहाँ पर पहाड़ों के कारण राडार इतना यूज़फुल नहीं है। विमान नीचे उड़ान भरकर आते–जाते हैं, इसलिए बहुत क़रीब आने पर ही राडार

इन्हें कैच कर सकता है। तभी तो दिन के समय भी श्रीनगर पर कई बार आक्रमण होते हैं।''

उसकी बात ख़त्म भी नहीं हुई थी कि वातावरण–भेदी ख़तरे के सायरन की चीख़ें सब ओर फ़िज़ा में गूँजने लगीं।

वैमानिक दौड़ने लगे हैं हैंगरों की ओर। परमार की आवाज़ गरजी–

''डोंट रन यू बास्टर्ड्ज़। हैंगरों तक पहुँचने का समय नहीं, यहीं मैदान पर लेट जाओ।''

सारे वैमानिक ज़मीन पर उल्टे लेट गये हैं। विमानों की गर्जना सुनायी दे रही है। विमान–भेदी तोपों के मुँह खुल गये हैं। बादलों को चीरकर सूरज निकल आया है।

शत्रु के छः स्टार फ़ाइटर ऊँचाई से नीचे की ओर झपट रहे हैं, तोपें चल रही हैं। विमान नीचे पहुँचते जा रहे हैं। रॉकेटों का धमाका हुआ। विमान ऊपर उठ गये हैं। रन–वे पर खड़ा एक डमी विमान धू–धू करके जल रहा है। विमानों की आवाज़ दूर होती जा रही है। वैमानिक थोड़ा सिर ऊपर उठा कर देखते हैं। वह जानते हैं, शत्रु विमान गोलाकार उड़ कर ऊँचाई प्राप्त कर रहे हैं। कुछ क्षणों में दूसरा आक्रमण होगा। विंग कमांडर धावन कहते हैं–

''परमार, हमारे फ़ाइटर विमान क्या कर रहे हैं?''

''सर, हो सकता है, इस समय हमारा कोई विमान आकाश में न हो।''

''दूसरा आक्रमण यह बास्टर्ड्ज़ और भी निडर होकर करेंगे। इन्हें भी अब तक पता चल गया होगा कि आई.ए.एफ़. के फ़ाइटर आकाश में नहीं हैं।''

शत्रु विमान फिर से नीचे की ओर झपट रहे हैं, विमान–भेदी तोपों के गोले उन्हें रोक पाने में असमर्थ हैं। विमानों में लगी गनों की गोलियों की बौछार हो रही है, विमान आगे बढ़ गये हैं। शेष दोनों डमी विमान भी अब जल रहे हैं।

आठों वैमानिक अब भी ज़मीन पर लेटे हैं। शर्मा कहता है–

''अब ये लोग हैंगरों पर आक्रमण करेंगे। रन–वे पर खड़े प्लेंज़ डैस्ट्रॉयड।''

"ठीक है। और इस समय यहाँ से किसी फ़ाइटर को टेक ऑफ़ करना असम्भव है।"

धावन की बात ख़त्म हुई ही थी कि रन–वे के एक सिरे पर गर्जना की आवाज़ हुई। एक नैट विमान उड़ान भरने के लिए स्पीड बिल्ड–अप कर रहा है।

"कंट्रोल शुड स्टॉप हिम। नैट के उड़ान भरने से पहले ही स्टार फ़ाइटर इसे मार गिरायेंगे। दिस इज़ मर्डर। व्हाट दीज़ कंट्रोल पीपल आर डूइंग?"

छः स्टार फ़ाइटर लौट आये हैं। नैट की गर्जना होती है। रन–वे पर विमान आँधी की गति से दौड़ा जा रहा है। स्टार फाइटर्ज़ की गोलियाँ उसे मिस कर गयी हैं। नैट आकाश में पहुँच गया है। ऊँचाई प्राप्त कर रहा है।

"दिस पायलेट मस्ट बी ए डैविल। छः विमानों से लड़ेगा। दिस इज़ नॉट लेस दैन स्यूसाइड।" शर्मा बाक़ी वैमानिकों को बताता है।

स्टार फ़ाइटर अब ऊपर से नीचे आक्रमण नहीं कर रहे। एक फैली हुई पंक्ति में हैंगरों की ओर बढ़ रहे हैं। दूसरी ओर से अकेला नैट सीधा उनकी ओर बढ़ रहा है।

आठों वैमानिक सिर उठाये देख रहे हैं। स्टार फ़ाइटर आगे बढ़ रहे हैं। दूसरी ओर से नैट सीधा आगे बढ़ रहा है। विमान आकाश में टकरा जायेंगे। रॉकेट चल रहे हैं। नैट रॉकेट बरसा रहा है, बिल्कुल स्टार फ़ाइटर्ज के पास पहुँच कर ऊपर पुल–अप कर जाता है। एक स्टार फ़ाइटर को आकाश में ही आग लग चुकी है। बड़ी तेज़ी से ज़मीन पर गिर रहा है। धमाके की आवाज़ के साथ विमान नीचे गिरता है। आठों वैमानिक के मुँह से आवाज़ निकलती है।

"किल्ड।"

शत्रु विमानों की फ़ॉर्मेशन टूट चुकी है। अब केवल दो विमान नीचे की ओर आ रहे हैं। बाक़ी तीन आकाश में ही उड़ रहे हैं। नैट अर्द्धगोलाकार चक्कर लगाकर इनकी ओर बढ़ रहा है। नैट बहुत नीचे उड़ रहा, बिल्कुल पेड़ों की चोटियों के ऊपर। उसकी गति कम क्यों लग रही है? तभी आठों वैमानिकों को दिखायी देता है कि नैट का एक पंख जल रहा है।

दोनों स्टार फ़ाइटर घूम–घूमकर दायरा छोटा कर रहे हैं। नैट इनके घेरे में पहुँच रहा है। स्टार फ़ाइटर फ़ायरिंग से पोजीशन कर रहे हैं।

तभी नैट नब्बे के कोण पर ऊपर उठ गया। वह शत्रु विमानों के घेरे से निकल गया है। नैट एकदम नीचे आ रहा है। वह एक स्टार फ़ाइटर के पीछे पहुँच गया है। और तभी शेष तीन स्टार फ़ाइटर जो बहुत ऊपर उड़ान कर रहे थे नीचे की ओर झपट रहे हैं। तीन विमान एक साथ नैट पर आक्रमण कर रहे हैं।

नैट में से रॉकेट बरस रहे हैं। आगे उड़ने वाला एक और स्टार फ़ाइटर घायल हो गया है। उस विमान से धुआँ निकल रहा है। शेष तीन स्टार फ़ाइटर नैट पर रॉकेट बरसा रहे हैं। इंजन में आग लग गयी है। घायल विमान अपने आपको अब बचा नहीं पा रहा है। स्टार फाइटर्ज़ के रॉकेट फिर बरसते हैं, नैट आकाश में काँपता है, नीचे की ओर गिर रहा है और फिर वायुसेना स्टेशन के बाहर पेड़ों से टकराता हुआ ज़मीन पर गिर जाता है। आग की लपटें उठ रही हैं। स्टार फ़ाइटर वापस लौट गये हैं।

विंग कमांडर धावन कलाई पर बँधी घड़ी को देखते है। स्टार फाइटर्ज़ के आक्रमण आरम्भ करने, नैट के आकाश में उड़ने, शत्रु के विमानों की फ़ॉर्मेशन को तोड़ने में कुल पाँच मिनट लगे हैं। लगता है, एक युग बीत गया है।

''लेट अस गो।'' शेष वैमानिक उठ पड़ते हैं।

''दे गेव अस हॉट रिसेप्शन।'' परमार कहता है।

कंट्रोल टॉवर से सूचना आती है कि नैट के वैमानिक का नाम निर्मलजीत सिंह सेखों था। थोड़ी देर बाद भारतीय सेना की अग्रिम टुकड़ी से सूचना मिलती है कि शत्रु का दूसरा स्टार फ़ाइटर भी, जो घायल हो गया था, भारतीय सीमा में ही क्रैश कर गया है।

यहाँ श्रीनगर में सायं चार बजे ही जैसे सूरज डूब गया हो। नं. 57 स्क्वाड्रन के वैमानिकों ने दिन भर आराम किया है। विमान उड़न–पट्टी पर पहुँचाये जा चुके हैं। दो दलों में विमान आक्रमण करेंगे। एक दल स्क्वाड्रन लीडर परमार के नेतृत्व में और दूसरा धावन के।

धावन ने वैमानिकों को उड़ान भरने के पश्चात् पूरी प्रकार से रेडियो पर शान्ति रखने और बातचीत न करने के लिए कहा है।

धावन, शर्मा, सैनी और टेलर ने उड़ान भर ली है। लक्ष्य–अटक तेल कारख़ाना। विमान केवल इंस्ट्रूमेंट्स द्वारा उड़ान भर रहे हैं। आँख से इस समय कुछ भी देख पाना असम्भव है। चारों ओर अँधेरे और ख़ामोशी की चादर बिछी है, फैली है। विमान पहाड़ी वादियों के बीच से उड़ रहे हैं। उनकी गर्जना की प्रतिध्वनि पहाड़ों में फैलती है, मद्धम होती है, और फिर मिट जाती है।

वैमानिक जानते हैं कि पहाड़ों के बीच उड़ान भरने के कारण शत्रु के राडार की पकड़ में वे नहीं आयेंगे। जब वे अपने टार्गेट से लगभग पन्द्रह मील दूर होंगे, तब कहीं जाकर राडार–स्क्रीन पर कुछ उभरेगा। जब तक शत्रु चौकस हो, उसके फ़ाइटर विमान उड़ान भरें, तब तक पन्द्रह मील की दूरी पार करके विमान आक्रमण कर चुके होंगे।

अब विमान पहाड़ी क्षेत्र से निकल चुके हैं। धुँधला–धुँधला मैदानी इलाक़ा और जंगल, पेड़, छोटी बस्तियाँ, सब पीछे छूटती जा रही हैं। विमान अब बहुत नीची उड़ान भर रहे हैं।

अँधेरे में डूबा हुआ, सोया हुआ शहर दिखायी दे रहा है। धावन और बाक़ी वैमानिक समझ जाते हैं कि यह रावलपिण्डी है। कहीं भी किसी प्रकार का कोई प्रकाश नहीं। विमान शहर के ऊपर से उड़ते हैं। विमान–भेदी तोपों के गोले चलते हैं। तो शत्रु को उपस्थिति का पता चल गया है। धावन रेडियो–शान्ति को तोड़ता है।

"पैन्थर कॉलिंग। टार्गेट अप्रोचिंग नीयर। हम दो–दो की टोलियों में आक्रमण करेंगे। मैं और टेलर पहला आक्रमण करेंगे; शर्मा, सैनी के साथ दूसरा आक्रमण करेगा। ओवर।"

अब चारों विमान ऊपर उठ गये हैं। अटक का तेल–शोधक कारख़ाना पहुँच गया है। शत्रु की युद्ध–मशीन के लिए तेल का बहुत बड़ा भाग यहाँ से सप्लाई होता है।

तोपों की ट्रेसर गोलियों का लाल रंग का प्रकाश सब ओर फैल गया है। शत्रु की क़िला–बन्दी बहुत पक्की है। लगता है, प्रत्येक इंच की दूरी से तोपों के गोले बरस रहे हैं। धावन और टेलर के विमान एक झटके के साथ बाक़ी दो विमानों से अलग होकर नीचे झपट रहे हैं। दोनों विमान कारख़ाने के ऊपर पहुँच कर सीधे हो जाते हैं, रॉकेट बरसाते हुए आगे निकल जाते हैं, लेकिन कहीं पर भी आग की लपटें नहीं उभरतीं। धावन आज्ञा देता है–

"पैन्थर कॉलिंग। शर्मा, डोंट अटैक। मैं और टेलर फिर आक्रमण कर रहे हैं। ओवर।"

शर्मा सैनी के साथ बहुत ऊँची उड़ान भर रहा है। वह समझ गया है कि विंग कमांडर शत्रु को इस धोखे में रखना चाहता है कि केवल दो विमान आक्रमण कर रहे हैं। किसी पेट्रोल टैंकर को आग लगे, रोशनी की लपटें उठें, तब वह और सैनी आक्रमण करेंगे।

धावन और टेलर के विमान अब तक आक्रमण की स्थिति में आ गये हैं। इस बार वह पश्चिम की ओर से आक्रमण कर रहे हैं। धावन का विमान नीचे आ रहा है। सामने धुँधला–सा कुछ उभरा है, फ़ाइटिंग बटन पर उसकी उँगली दब गयी है, विमान को दो–तीन झटके लगे हैं। आग की लपटें उठ ही हैं। यह उसका विमान ऊपर क्यों नहीं उठ रहा? एक ओर क्यों झुका जा रहा है? इंजन की शक्ति बहुत कम हो गयी है। टेलर उसे चेतावनी दे रहा है–

"सर, यू आर हिट। विमान की टेल का आधा हिस्सा जल गया है। इंजन की दायीं ओर से धुआँ निकल रहा है।"

धावन का विमान बड़ी कठिनाई से ऊपर उठ रहा है। टेलर बिल्कुल उसके पीछे उड़ रहा है।

शर्मा और सैनी ने आग की फैली हुई लपटों में दूसरे पेट्रोल टैंकर देख लिये हैं। दोनों बहुत नीचे उड़ान भरकर अपनी 30 मिलीमीटर की गनों से इन पर आक्रमण कर रहे हैं। आग की लपटें अब सब ओर से उठ रही हैं। दोनों विमान अटक के कारख़ाने की बायीं ओर से उड़कर अपनी पोजीशन ले रहे हैं।

टेलर धावन से कहता है–

"सर, देखिए। आग कितनी ख़ूबसूरत लग रही है?"

"शट–अप। टेक पोज़ीशन फॉर नेक्स्ट अटैक।"

शर्मा और सैनी के विमान पास पहुँच रहे हैं। धावन कहता है–

"पैन्थर कॉलिंग, नम्बर वन, टू, थ्री। मेरे विमान को तोप की गोलियाँ लग गयी हैं। अब चारों विमान एक साथ आक्रमण करेंगे। देन वी विल गो बैक। ओवर।"

विमान दो–दो की टोलियों में बँट कर कारख़ाने के दोनों सिरों पर आक्रमण कर रहे हैं। अब एक–एक गनों की गोलियाँ नहीं चल रही हैं।

शायद फैलती आग से बचने के लिए गनर अपनी तोपों को छोड़कर जान बचाने के लिए भाग गये हैं। कारख़ाना धू–धू करके जल रहा है। धुएँ और आग की ऊपर उठती लपटें बहुत ऊँचाई पर पहुँच गयी हैं। विमान वापस लौट रहे हैं। शर्मा धावन से पूछता है–

''सर, आपकी क्या पोज़ीशन है?''

''ठीक नहीं। इंजन पर गोले लगे हैं। अन्दर लगे सारे पुर्जे टूट गये हैं। इंस्ट्रूमेंट्स के सहारे उड़ान भरना असम्भव है।''

''सर, अगर हालत इतनी ख़राब है तो आप वैल–आऊट करेंगे क्या?''

''डोंट टॉक नॉनसेंस। मैं मरना पसन्द करता हूँ, लेकिन युद्धबन्दी बनना नहीं। ओवर।''

इस चार के ग्रुप में शर्मा ही सीनियर फ्लाइट लेफ्टिनेंट है। अब उसने ग्रुप की लीडरशिप सँभाल ली है। वह बाक़ी वैमानिकों को कहता है–

''सैनी, तुम आगे उड़ान भरो। विंग कमांडर का विमान तुम्हारे पीछे रहेगा। टेलर विंग कमांडर के पीछे उड़ेगा। बोथ ऑफ़ यू विल एस्कॉर्ट हिम। मैं बेस को सूचना दे रहा हूँ। ओवर।''

अब चारों विमान रावलपिण्डी के ऊपर से उड़ान भर रहे हैं। जब विमान यहाँ से गुज़रे थे तो शत्रु ख़ामोश था, लेकिन अब तोपों की गर्जनाओं से इलाक़ा गूँज रहा है। तो स्क्वाड्रन लीडर परमार का ग्रुप रेलवे स्टेशन पर आक्रमण कर रहा है। धावन शर्मा से कहता है–

''लेट अस गिव परमार ए हेल्पिंग हैंड। हमारे विमानों में अभी एमो (एम्यूनिशन–गोला–बारूद)...अभी बाक़ी है।''

''सर, आपका विमान डैमेज्ड है। आप रिस्क न लें।''

''शर्मा, डू एज़ आई टोल्ड यू।''

रेलवे स्टेशन से टैंकों से भरी हुई एक गाड़ी बाहर निकल रही है। धावन का घायल विमान नीचे झपटता है और इंजन पर रॉकेट बरसाता हुआ थोड़ा–सा ऊपर उठ जाता है। गाड़ी थोड़ी दूर घिसटने के बाद थम गयी है। इंजन और पहले दो डिब्बे पटरी से नीचे उतर कर उलट गये हैं। शत्रु सैनिक सिर नीचे झुकाये हुए बाहर आ रहे हैं। अँधेरे में उनके झुके हुए शरीर स्पष्ट दिखायी दे रहे हैं।

शर्मा, टेलर और सैनी के विमान चलती हुई कैंची की मुद्रा में एक–दूसरे को काटते हुए, क्रॉस करते हुए रेलगाड़ी पर आक्रमण कर रहे हैं। गाड़ी के एक डिब्बे में गोला–बारूद था। उसे आग लग गयी है। आसपास की बिल्डिंगों में भी यह आग फैल गयी है। धावन रेडियो पर परमार को कॉटेक्ट करता है–

"पैन्थर कॉलिंग परमार, पैन्थर कॉलिंग, गिव मी यूअर पोजीशन।"

"सर, आक्रमण सफल रहा है। हमारा एक विमान रेलवे स्टेशन पर ही क्रैश कर गया है। फ़्लाइंग अफ़सर किरपाल इज़ डेड। ओवरं"

"ओ.के., लैटस गो बैक। ओवर।"

विमान श्रीनगर की ओर जा रहे हैं। आकाश में बहुत ऊँचे उड़ते हुए दो मिग विमान इन लौटते हुए विमानों की रक्षा कर रहे हैं। शर्मा श्रीनगर बेस को सूचना देता है–

"पैन्थर कॉलिंग, कंट्रोल। एक विमान घायल है। शायद रन–वे फोर्स लैंडिंग करनी पड़े। प्लीज़, मेक अरेंजमेंट्स। ओवर।"

श्रीनगर पर रन–वे के पास–पास आग बुझाने के इंजन आकर खड़े हो गये हैं। पहले छः विमान जो ठीक हैं, नीचे उतरेंगे। धावन का विमान सबसे अन्त में लैंड करेगा।

एक–एक करके विमान नीचे उतर रहे हैं। शर्मा, परमार और अन्य वैमानिक अपने विमानों से बाहर आ गये हैं। धावन विमान के पुर्जों को देखकर लैंडिंग नहीं कर सकता, क्योंकि ये पुर्जे टूट गये हैं। क्षण भर के लिए उड़न–पट्टी की बिजली की बत्तियाँ जला दी जाती हैं, फिर बन्द कर दी जाती हैं। धावन ने रन–वे देख लिया है। इसका विमान नीचे उतरता है, ज़मीन के साथ लगकर थोड़ा–सा उछलता है, फिर आगे बढ़ता है और एक झटके के साथ रुक जाता है। वायुसैनिक और वैमानिक भाग कर उसे विमान से बाहर निकालते हैं।

विमान को धकेलकर हैंगर में लाया जाता है। रूस से आया रशियन तकनीकी अधिकारी विमान को आँखें फाड़े देख रहा है। विमान को अठारह गोले लग चुके हैं। कंट्रोल पैनल टूट गया है। एक विंग और पीछे का हिस्सा भी टूट गया है। एक रूसी अधिकारी कुछ कहता है। उसके साथ का अधिकारी हिन्दी में अनुवाद करके बताता है–

"यह कह रहे हैं कि अगर अपनी आँखों से न देखा होता तो हम कहते कि इतने गोले लगने के बाद विमान को सुरक्षित वापस ले उड़ना, नीचे उतरना असम्भव है।"

"नथिंग इज इम्पॉसीबल!" धावन दिल–ही–दिल में कहता है। और सातों वैमानिक मेस की ओर बढ़ जाते हैं।

विंग कमांडर धावन को 'महावीर चक्र' प्रदान किया जाता है। नवंबर 57 स्क्वाड्रन के वैमानिक अब तक सबसे अधिक वीरता पदक प्राप्त कर चुके हैं। ले. ज. न्याज़ी ने अपनी सेनाओं सहित आत्मसमर्पण करने की पेशकश कर दी हैं। स्क्वाड्रन में इस बात पर शर्तें बदी जा रही है। कि आज की रात को युद्ध समाप्त करने की घोषणा प्रधानमन्त्री करेंगी या नहीं, लेकिन सामरिक गतिविधि में किसी प्रकार की कोई ढील नहीं आयी है। सबको पता है कि युद्ध–विराम से पहले भयंकर आक्रमण होते हैं। अधिक–से–अधिक इलाक़े पर कब्ज़ा करने की कोशिश रहती है, ताकि सन्धि की बातचीत के समय अपने क्षेत्र को वापस लेने, ख़ाली कराने की बातचीत में दबाव डाला जा सके।

धावन अभी–अभी अन्य तीन वैमानिकों के साथ उड़ान भर कर लौटे हैं। अब शर्मा को पेट्रोलिंग के लिए जाना है। सेना को उस वैक्लैंथ का पता है, जिस पर वैमानिकों से कॉन्टेक्ट किया जा सकता है। आकाश में उड़ रहे विमान मिनटों भर में सेना की सहायता पर पहुँच सकते हैं।

विंग कमांडर धावन शर्मा से कह रहे हैं–

"शत्रु द्वारा डेरा बाबा नानक क्षेत्र में आक्रमण करने की ज़बर्दस्त आशंका है। वहाँ पर हमारी सेना ने उसके कँक्रीट के बंकरों और बहुत सारे इलाक़े पर कब्ज़ा कर लिया है। तुम आज उसी क्षेत्र में रहोगे।"

"यस सर।"

"और सुनो, कोई फ़ालतू का ख़तरा उठाने की ज़रूरत नहीं। आज रात को मेरे ख़याल में सीज़–फायर हो जायेगा। बेस्ट ऑफ लक। पाँच बजे हैं। शाम को चाय पर तुम्हारा इन्तज़ार करूँगा।"

...दोनों विमान आकाश में बहुत ऊँचाई पर उड़ रहे हैं। नीचे ज़मीन पर तेज़ी से अँधेरा फैल रहा है। तोपों की गर्जना बिल्कुल सुनायी नहीं

दे रही है। शर्मा का कॉन्टेक्ट नीचे सेना के कमांडर से स्थापित हो चुका है। उसका नम्बर दो विमान काफ़ी दूर से दूसरी दिशा में पेट्रोलिंग कर रहा है। तभी रेडियो फ़ोन पर आवाज़ आती है–

"कमांडर कॉलिंग, टाइगर। कमांडर कॉलिंग।"

"ओ.के., आय एम रिसीविंग यू।" शर्मा ने जवाब दिया। उसका शरीर तन गया है। ख़तरे की पूर्व सूचना का आभास उसे हो गया है।

"हमें सेना के ऑब्ज़र्वेशन विमान ने सूचना दी है कि शत्रु के टैंक और इन्फेंट्री इस ओर बड़ रहे हैं। वी विल गिव देम हॉट रिसेप्शन।" और फिर कमांडर ने शर्मा को वह कोण, वह डिग्री बतायी जहाँ से शत्रु–सेना टैंकों के साथ आगे बढ़ रही है। शर्मा ने नम्बर दो को सूचना दी–

"टाइगर कॉलिंग, नम्बर टू। टाइगर कॉलिंग।"

"कम इन। वी आर गोइंग इन फ़ॉर अटैक।"

दोनों विमान अब समानान्तर उड़ रहे हैं। इस समय वह शत्रु–सीमा के कई मील अन्दर है। विमानों का निचला भाग जैसे पेड़ों की चोटियों को छू–छू जा रहा है, शर्मा चौकन्ना होकर शत्रु की गतिविधि को देखने की चेष्टा कर रहा है। लेकिन अँधेरे की मोटी परत को चीर पाने में उसकी आँखें असफल हो रही हैं। दोनों विमान गोलाकार चक्कर काटकर फिर सैनिक कमांडर द्वारा बताये क्षेत्र में लौट रहे हैं।

अब शर्मा का विमान बहुत नीची उड़ान भर रहा है। नम्बर टू ऊँचा उड़ रहा है। शर्मा का ख़याल है कि शत्रु का कोई गनर विमान को इतना नीचा उड़ता देख कर शायद गोली चलाने के लालच को रोक न सके। गोली चल गयी तो शत्रु की स्थिति एक्सपोज़ हो जायेगी, स्पष्ट हो जायेगी।

बड़े ज़ोर के धमाके के साथ एक गोला विमान के दायें पंख के पास से गुज़र जाता है। हवा में शक्तिशाली कम्पन होता है। शर्मा का विमान डोलता है, फिर सीधा हो जाता है।

नम्बर टू ने भी तोप के गोले की चमक देख ली है। वह बड़ी तेज़ी से नीचे झपट रहा है। शर्मा का विमान ऊँचाई प्राप्त करके आक्रमण की स्थिति में आ रहा है।

नीचे से तोपों के मुँह खुल गये हैं। आग की चमक में शत्रु की मोटरगाड़ियाँ स्पष्ट दिख रही हैं। नम्बर दो एक गाड़ी हिट करने में सफल

रहा है। जलता प्रकाश सब ओर बिखर गया है, फैल रहा है। शर्मा का विमान उस ओर बढ़ रहा है जहाँ से तोपों के गोले चल रहे हैं। सुखोई–7 से रॉकेट निकलते हैं, नीचे शान्ति छा जाती है। तभी ऊपर से नम्बर टू कहता है, ''नम्बर टू कॉलिंग, लीडर। नम्बर टू कॉलिंग। पुल अप। ऊपर उठ जाओ। शत्रु के दो स्टार फ़ाइटर तुम्हारी ओर बढ़ रहे हैं। ओवर।''

शर्मा की आत्मा में लगा राडार लगातार पावरफुल सिग्नल दिये जा रहा है। वह बड़ी तेज़ी से ऊँचाई प्राप्त करने की कोशिश कर रहा है। उसे पता है आकाश–युद्ध में सू–7 का स्टार फ़ाइटर बिल्कुल सामना नहीं कर सकता। फिर वह अपने को गाली देता है, कर्स करता है। उसे पता है कि बहुत ऊपर दो मिग लड़ाकू विमान एयर–कवर दे रहे हैं। उसे पहले ही उन्हें सूचित कर देना चाहिए था।

''टाइगर कॉलिंग पैन्थर, टाइगर कॉलिंग पैन्थर।''

''यस। रिसीविंग यू।''

शर्मा पैन्थर को अपनी स्थिति बताता है और फिर एक बहुत तंग दायरे, टाइट सर्कल में विमान को मोड़ना आरम्भ कर देता है। सु–7 की टेल में, पिछले भाग में लगे राडार पर संकेत आ रहे हैं। शत्रु विमान उसके पीछे लग चुका है। रॉकेट चलने की आवाज़ आती है। शर्मा के विमान के दायें पंख पर रॉकेट लगते हैं। सामने का शीशा भी तड़तड़ा जाता है। अब उसका विमान बड़ी तेज़ी से नीचे आ रहा है। वह जानता है बहुत नीचे पहुँच कर ही वह बच सकता है। स्टार फ़ाइटर इतना नीचे उड़ान नहीं भर सकता। वह गर्दन मोड़कर दायीं ओर देखता है। विमान को अभी तक आग नहीं लगी, लेकिन शायद इंजन में भी कोई ख़राबी आ गयी है। पूरी शक्ति से विमान को खींच नहीं रहा।

तभी सारे विमान का ढाँचा भयंकर गति से हिल जाता है। पिछले भाग में रॉकेट लगे हैं। विमान अब पेड़ों के भी नीचे पहुँच गया है। शर्मा की आवाज़ आख़िरी बार सुनायी देती है–

''नम्बर टू, टाइगर कॉलिंग। नम्बर टू। आई एम बैडली हिट। गोइंग टू क्रैश–लैंड।''

....विंग कमांडर धावन नहाकर गुसलख़ाने से बाहर निकलता है। उसने मात्र गर्म गाऊन पहन रखा है। टेलीफ़ोन की घण्टी बजती है। वह सुनता है। क्षणांश के लिए रिसीवर उसके हाथ में लटका रहता है, फिर

वह इसे ज़ोर–से मेज़ पर पटक देता है। वह गाऊन में ही बाहर भाग रहा है। मिसेज धावन चाय का प्याला लेकर दरवाज़े पर पहुँची है। धावन उसे ज़ोर–से परे करता है। प्याला बहुत शोर के साथ फ़र्श पर गिरकर टूट जाता है। धावन जीप में बैठ रहा है। शोर सुनकर मुक्ता भी बाहर आ गयी है। जीप स्टार्ट हो गयी है। मिसेज धावन और मुक्ता फटी आँखों से धावन को देख रही हैं। वह कहता है–

"शर्मा इज़ मिसिंग। मैं कंट्रोल टॉवर से तुम लोगों को फ़ोन करूँगा।" फिर वह जीप के चालक वायुसैनिक से कहता है, "ड्राइव लाइक हैल। कंट्रोल टॉवर।"

वैमानिक धावन के गाऊन को देखता है, पाँव में पहने स्लीपरों को देखता है और स्थिति की गम्भीरता का उसे पता चल जाता है। जीप पहला मोड़ चालीस मील की गति पर काटती है। वायुसेना अड्डे पर खड़े पुलिस के सैनिक विंग कमांडर की जीप को पहचानते हैं। गेट खुलता है, जीप तीर की तरह तेज़ी से अन्दर पहुँच जाती है। कंट्रोल टॉवर के नीचे जीप आकर ठहरती है। विंग कमांडर वैमानिक को वहीं प्रतीक्षा करने के लिए कहते हैं। वह दो–दो सीढ़ियों पर चढ़ता हुआ कंट्रोल टॉवर में पहुँच जाता है।

सिग्नल ऑफ़िसर सैल्यूट करके उन्हें बताता है–

"सर, नम्बर टू ने शर्मा के हिट होने की सूचना दी है। शर्मा शत्रु सीमा के पाँच मील अन्दर था, जब स्टार फ़ाइटर्ज़ ने उस पर आक्रमण किया।"

"शर्मा के विमान से कोई ख़बर?"

"नो सर।"

तभी नियन्त्रण–कक्ष का सार्जेंट विंग कमांडर को चाय का एक प्याला पकड़ाता है। धावन सोच रहा है कि एक–एक करके वह कितने वैमानिक खो चुका है? ठीक है, उसे वैमानिकों से व्यक्तिगत स्तर पर प्यार नहीं करना चाहिए। युद्ध की क्रूरता में किसी एक आदमी का क्या महत्त्व हो सकता है? कोई महत्त्व नहीं। लेकिन शर्मा से उसकी अटैचमेंट हो गयी है। एक अच्छा और पॉपुलर वैमानिक है। अगर कुछ हो गया तो स्क्वाड्रन के मोराल को, हौसले को बहुत बड़ा धक्का पहुँचेगा। फिर तीखी कड़वाहट के साथ वह सोचता है कि इतने वैमानिकों को खो देने के बाद

स्क्वाड्रन का नया संगठन नये सिरे से करना है। वार ख़त्म होगी तभी इन ज़ख़्मों पर ध्यान देने का अवसर मिलेगा, समय मिलेगा।

सिग्नल ऑफ़िसर कुछ निर्देश दे रहा है। फिर वह धावन को बताता है–

"सर, नम्बर टू लैंड करने के लिए आ रहा है।"

"ठीक है, विमान के लैंड करने के बाद पायलेट को एकदम यहाँ लाओ।"

विंग कमांडर देख रहा है कि शाम के अँधेरे में विमान अड्डे पर चक्कर काट रहा है। उसकी लैंड करने की रोशनी केवल एक बार जलती है, फिर बुझ जाती है। कंट्रोलर उसे लैंड करने की आज्ञा देता है। विमान अब सीधा नीचे की ओर आ रहा है। फिर उसका अग्र भाग ज़मीन को छूता है, टायरों की रगड़ से ज़मीन से नन्ही–नन्ही चिंगारियाँ निकलती हैं, और विमान रन–वे नम्बर दो पर सुरक्षित नीचे उतर आता है। विंग कमांडर की जीप विमान के पास पहुँच गयी है। वैमानिक उसमें बैठता है। जीप तीव्र गति से नियन्त्रण–कक्ष की ओर आती है।

विंग कमांडर दरवाज़े की ओर ही देख रहा है। शर्मा का नम्बर दो वैमानिक टेलर अन्दर आता है। विंग कमांडर उसे सिगरेट देता है। टेलर कहता है–

"सर, शर्मा वाज़ जम्प्ड बाई एनिमी एयरक्रॉफ्ट। उसका आख़िरी मैसेज यही था कि प्लेन बहुत हिट हुआ है।"

"क्या तुमने उसे क्रैश करते देखा?"

"नो, सर।"

"क्या हिट होने के बाद प्लेन को आग लग गयी थी?"

"आई डोंट थिंक सो, सर।"

"डोंट थिंक, फैक्ट बताओ।" विंग कमांडर की आवाज़ ज़रा तेज़ है।

"नो सर, आग नहीं लगी थी।"

"राइट। नाउ रिलैक्स। देयर इज़ सम होप।"

फिर विंग कमांडर सिग्नल ऑफ़िसर को हिदायत देता है कि शर्मा के विमान को रोडियो–फ़ोन पर कॉन्टेक्ट करने की लगातार, नॉन–स्टॉप कोशिश की जाये, तब वह घर का फ़ोन नम्बर मिलाता है। मिसेज़ धावन फ़ोन उठाती है। वह फ़ोन मुक्ता को देने के लिए कहता है। धावन जानता

है, कोई झूठी आशा देना क्रूरता होगी। ऐसे कठिन और कठोर समय में स्पष्ट और मैटर–आफ़–फैक्ट होना ही उचित है।

"हैलो मुक्ता, शर्मा का विमान हिट हो गया था, लेकिन उसे आग नहीं लगी थी। टेलर ने विमान क्रैश होते हुए भी नहीं देखा। लेट अस होप फार द बेस्ट।"

बस, विंग कमांडर ने इतना ही कहा। मुक्ता ने बड़े धीरे–धीरे फ़ोन नीचे रखा। मिसेज़ धावन उसकी बाँह पकड़कर सोफ़े पर बिठाती है। वह जानती है, जब दूसरी बार फ़ोन बजेगा तो अशुभ सूचना ही मिलेगी।

मुक्ता कम्बल ओढ़कर सिकुड़कर बैठी है। दादी माला फेरे जा रही है। अर्दली अन्दर चाय दे जाता है। प्याले से धुआँ ऊपर उठ रहा है, फिर ब्लैक–आऊट के कारण छाये हुए अँधेरे में विलीन होता जा रहा है। दादी शायद कोई बात कर रही थी। इसका सिरा आगे बढ़ाती है, "मैंने तुम्हें बताया न, वे 1942 के दिन थे, भारत–छोड़ो आन्दोलन के दिन। विनय के पिता तो इतिहास के प्रोफ़ेसर थे। वह सशस्त्र क्रान्ति में विश्वास करते थे। गाँधी, नेहरू और दूसरे नेता पकड़े जा चुके थे। और उस दिन वह रात को देर से घर आया। मैं अपने लड़के को जानती थी। मुझे पता था एक दिन पुलिस के हाथों मारा जायेगा। उसकी बाँह ज़ख़्मी थी। मुझे कुछ बताये बिना बिस्तरे पर गिर गया। मैंने उसे सिरहाने के नीचे कुछ रखते हुए देख लिया था। सुबह पाँच बजे ही अख़बार बेचने वालों का शोर गलियों में सुनायी दे रहा था। वहाँ के अंग्रेज़ पुलिस अधिकारी को रात को क्रान्तिकारियों ने मार दिया। मैं समझ गयी मेरा लड़का, विनय का पिता रात को उसका ख़ून कर आया है। तभी दरवाज़े पर दस्तक हुई। पुलिस आ गयी, मुझे पता चल गया। वह अब भी बिस्तरे पर बेहोश पड़ा है। मुझे पिस्तौल का ख़याल आया। सबूत मिल गया तो मेरा लड़का फाँसी चढ़ जायेगा। मैंने पिस्तौल सिरहाने के नीचे से निकाल लिया।"

"फिर, आपने इसे छुपाया कहाँ?"

"तब तो भगवान कृष्ण ने मुझे बुद्धि दी। मैंने पिस्तौल पानी के घड़े में डाल दी। दरवाज़ा खोल दिया। पुलिस अन्दर आ गयी। इनका अफ़सर भी कोई अंग्रेज़ ही था। मैंने घड़ा उठाया और बाहर पानी के नल के नीचे रख दिया। पुलिस ने घर की हर चीज़ उलट–पलट कर दी, लेकिन

पिस्तौल न मिलना था, न मिला। वह उसे पकड़ कर ले जाने लगे। जाते हुए उसने कहा था–

"अच्छा माँ, चलता हूँ। अब अगले जन्म में मिलेंगे।"

पुलिस उसे बाहर ले गयी। एक मिनट के बाद गली में गोली चलने की आवाज़ आयी। जिस सत्य का मुझे पता था, उसे देखने के लिए बाहर भागी। गली में मेरे बेटे की लाश कटे हुए पेड़ की तरह गिरी पड़ी थी। अंग्रेज़ पुलिस अधिकारी ने बताया कि उसने भागने की कोशिश की, इसलिये गोली से मार देना पड़ा। मैं जानती थी, वह झूठ बोल रहा है। उसने मेरे बेटे की हत्या की है, पर मैं किसको फ़रियाद क़रती? उसी दिन विनय के साथ, जो बहुत छोटा था, वह शहर छोड़ दिया। विनय की माँ तो प्रसव के समय ही हस्पताल में मर गयी थी।"

दादी बहुत बोल गयी है। उसके चेहरे पर आँसुओं की गंगा–जमुना बह रही है। तभी फिर फ़ोन की घण्टी बजती है। मिसेज़ धावन फ़ोन उठाती है। विंग कमांडर उसे कहता है–

"अभी तक कुछ पता नहीं चला, लेकिन यह बात पक्की है कि शर्मा का प्लेन क्रैश नहीं किया। हमारे फ़ाइटर–प्लेन उस इलाक़े पर अभी–अभी उड़ान भर कर लौटे हैं। विमान का नष्ट मलबा कहीं भी जलता दिखायी नहीं दिया। तुम मुक्ता को हौसला दो। ओ.के.।"

विंग कमांडर ने फ़ोन नीचे रख दिया। कंट्रोल–रूम का दरवाज़ा खुलता है। ग्रुप–कैप्टन स्वयं अन्दर आते हैं। सब लोग खड़े हो जाते हैं। ग्रुपी उन्हें बैठने का संकेत करते हैं। वह बड़े धीरे–धीरे पाइप में तम्बाकू भर रहे हैं। धावन माचिस निकालकर पाइप जलाता है।

"ऐनी फ्रेश न्यूज़, धावन?"

"नो सर। अभी तक शर्मा के प्लेन से कोई कॉटैक्ट नहीं हुआ।"

"राइट। मैंने उस एरिया के सेना कमांडर से ख़ुद बात कर ली है। हमारी सेना उस क्षेत्र के एक–एक इंच स्थान को छान रही है। सेना के टोह लेने वाले प्लेन भी उड़ रहे हैं। अगर शर्मा का प्लेन क्रैश कर गया है तो कुछ देर में पता चल जाना चाहिए।"

धावन सिर झुकाये खड़ा है। ग्रुपी नोट करते हैं कि उसकी आँखों के आसपास झुर्रियाँ पड़ गयी हैं। युद्ध ख़त्म होते ही वह धावन को लम्बी छुट्टी पर भेजेंगे।

तभी धड़ाम–से दरवाज़ा खुलता है। रेडियो–टेलीफ़ोन विभाग का सार्जेंट अन्दर आता है। ग्रुप–कैप्टन को देखकर सैल्यूट करने की मुद्रा में आने लगा है। ग्रुपी टोक देते हैं–

"यस सार्ज., ऐनी मैसेज फ्राम टाइगर?"

"सर, टाइगर की आवाज़ हमारे आर.टी. पर आ रही है। बहुत हल्की। हम उसे कॉटैक्ट नहीं कर पा रहे।"

विंग कमांडर, ग्रुप–कैप्टन, सिग्नल अफ़सर साथ वाले कमरे में रेडियो–टेलीफ़ोन के पास खड़े हैं। बड़ी धीमी, लेकिन लगातार आवाज़ आ रही है–

"टाइगर कॉलिंग, कंट्रोल। टाइगर कॉलिंग, कंट्रोल। टाइगर कॉलिंग। मेरा प्लेन बहुत अधिक डैमेज़ हो गया है। मैं कंट्रोल का मैसेज रिसीव नहीं कर रहा। टाइगर कॉलिंग। एमरजेंसी। एमरजेंसी। कंट्रोल पैनल काम नहीं कर रहा है। मेरी लैंडिंग लाइट्स भी नहीं जल रहीं।"

अचानक आवाज़ आनी बन्द हो जाती है। आर.टी. पर बैठा कारपोरल पैड पर सारा सन्देश नोट कर चुका है। वह यह पैड विंग कमांडर की ओर बढ़ा देता है।

ग्रुप–कैप्टन कहते हैं–

"ओ.के., यह फ्रीक्वैंसी, वेव–लेंथ टाइगर के लिए रिज़र्व रखो। हमारे जितने विमान आकाश में उड़ रहे हैं, उन्हें आज्ञा दो कि दूसरे वायुसेना अड्डों पर जायें। यह एयर–फील्ड अब ख़ाली नहीं है।"

सिग्नल ऑफ़िसर अन्य विमानों को निर्देश भेजने में व्यस्त हो गया है। तभी आर. टी. पर धीमा–धीमा मैसेज आ रहा है–

"टाइगर कॉलिंग, कंट्रोल। टाइगर कॉलिंग, कंट्रोल। मैं तीन हज़ार फुट पर उड़ रहा हूँ। फ़्यूल ख़त्म हो रहा है। अगर मैसेज मिल रहा है तो अड्डे पर ग्रीन लाइट करें। ओवर।"

उड़न–पट्टी पर लगी हरी रोशनियाँ पल भर के लिए चमकती हैं, फिर बुझ जाती हैं।

"ओ.के. कंट्रोल। मैंने लाइट देख ली हैं। थैंक्यू। कमिंग इन टु लैंड। प्लेन के पहिये खुल नहीं रहे, डैमेज हो गये हैं। आई विल बैली–लैंड। ओवर।"

विंग कमांडर सिग्नल अफ़सर से कहता है–

"हम लोग नीचे जा रहे हैं। कोई भी मैसेज मिले तो रिसीव करना।"

विंग कमांडर ग्रुपी के साथ जीप में बैठ गये हैं। जीप वह अपने स्क्वाड्रन के आगे रोकते हैं। सभी वायुसैनिक बाहर खड़े हैं। सिर झुकाये हुए, कठोर चेहरों के साथ। ग्रुप–कैप्टन कहते हैं–

"चीयर–अप ब्वायज़, शर्मा के प्लेन से कॉन्टैक्ट हो गया है। प्लेन लैंडिंग के लिए पहुँच रहा है।"

जीप रन–वे की ओर बढ़ जाती है। विमान नम्बर तीन उड़न–पट्टी पर उतरेगा। थोड़ी देर बाद वहाँ बिजली की रोशनियाँ जलती–बुझती हैं। स्क्वाड्रन के अफ़सर और वायुसैनिक भी रन–वे के पास आ गये हैं। रन–वे के दोनों ओर आग बुझाने वाले इंजन अपनी–अपनी जगहों पर खड़े हैं। एम्बुलेंस और स्टेशन मेडिकल अफ़सर भी वहाँ पर पहुँच गये हैं। विंग कमांडर ने ऐडजुटेंट को घर फ़ोन करने के लिए कहा। धावन के घर फ़ोन बजा। ऐडजुटेन्ट ने सारी सूचना दी। मुक्ता, दादी और मिसेज़ धावन बाहर आकर आँगन में ठहर गयी हैं। प्लेन लैंड करने के लिए आयेगा तो आवाज़ से पता चल जायेगा।

सब तरफ़ ख़ामोशी है, शान्ति है। आसमान में चमक दिखायी देती है। क्या विमान है? सारी आँखें ऊपर उठ जाती हैं। नहीं, कोई सितारा था जो सरेशाम ही टूट गया है। सब लोग तनावपूर्ण हालत में खड़े हैं। कहीं कोई आवाज़ नहीं आ रही। विस्फोटक शान्ति के धमाके सुनायी दे रहे हैं।

स्टेशन की पूर्व दिशा की ओर आकाश में हल्की–हल्की आवाज़ें आनी अराम्भ हो गयी हैं। सब आँखें उस ओर लगी हैं। दूर से एक काला धब्बा प्रकट हो रहा है। सबकी आत्माएँ शरीरों में से निकल कर विमान के साथ जा लगी हैं। विमान को सुरक्षित नीचे लाने की चेष्टा की जा रही है, प्रार्थना की जा रही हैं।

आँगन में खड़ी दादी बड़ी तेज़ी से माला फेर रही हैं। मुक्ता का शरीर अशरीर हो गया है। वह बिना हिले–डुले पथरायी खड़ी है।...वह वहाँ से चली गयी है। अब विनय के पास विमान में बैठ गयी है। उसके थके हुए हाथों को, पसीने से भरे माथे को सहला रही है, उस पर हाथ फेर रही है। शरीर यहाँ आँगन में खड़ा है।

आवाज़ तेज़ हो रही है। साँसें तेज़ चल रही हैं। विमान को नीचे खींच रही हैं। फिर आवाज़ का एक छोटा–सा गोला फटता है, फैलता है। टाइगर थ्रॉटल पर ज़ोर दे रहा है। नीचे उतरने से पहले इंजन की शक्ति बिल्ट–अप कर रहा है, बढ़ा रहा है। विमान पेड़ों की चोटियों पर पहुँच गया है। इसका सन्तुलन ठीक नहीं। सारा विमान एक ओर झुका हुआ है। विमान ने पेट, निचले भाग पर बैली–लैंडिंग करनी है। यदि कहीं पंख ज़मीन को पहले छू गया तो...।

रन–वे की सारी बत्तियाँ जला दी गयी हैं। उस क्षेत्र में रात के समय दिन हो गया है। आग बुझाने के इंजन, एम्बुलेंस स्टार्ट हो गयी हैं। विमान नीचे आ रहा है। अभी तक सन्तुलित, सीधा नहीं हुआ। अब उड़न–पट्टी के साथ छुआ–कि–छुआ। और अन्तिम क्षण में विमान सीधा हो गया। एक धमाके के साथ ज़मीन से टकराया है, पहिये खुले न होने पर भी तेज़ी के साथ आगे घिसटता जा रहा है। गति कम नहीं हो रही। आग बुझाने वाले इंजन दोनों ओर साथ दौड़ रहे हैं। विमान क्रैश–बैरियर की ओर बढ़ गया है। अब वह रन–वे से नीचे कच्ची ज़मीन पर उतर रहा है। पंख ज़मीन से टकराया, टूट गया और विमान एक झटके–से रुक गया। फायर–इंजन पास पहुँच गये है, लेकिन विमान में आग नहीं लगी। उसमें तेल बिल्कुल ख़त्म था।

विंग कमांडर की जीप, ऐम्बुलेंस, भागते हुए वैमानिक, वायुसैनिक, विमान के पास पहुँच गये हैं। सबकी आत्माएँ जो आकाश में विमान से जा चिपकी थीं, उनके शरीरों में वापस लौट आयी हैं, विमान को सुरक्षित नीचे उतारने के बाद।

विमान के ऊपर लगा शीशा पीछे नहीं हट रहा, खुल नहीं रहा। फायर–सेक्शन का सार्जेंट इसे बड़े–से हथौड़े से तोड़ देता है। वैमानिक निश्चल अपनी सीट पर पड़ा हुआ है। सीट के साथ उसके शरीर से बँधी पट्टियाँ झटका लगने के कारण टूट गयी हैं। उसका माथा सामने कंट्रोल–पैनल से टकरा गया है। ख़ून की पतली–लम्बी–सी धार लगातार बह रही है। मेडिकल अफ़सर विमान पर चढ़ता है। छूकर देखता है। वैमानिक ज़िन्दा है। बेहोश हो गया है। स्ट्रेचर ऊपर उठाया जाता है। वैमानिक की बगलों के नीचे हाथ डालकर उसे विमान से निकाला जाता है, स्ट्रेचर पर डाला जाता है, स्ट्रेचर एम्बुलेंस में रखा जाता है। गाड़ी

में बैठने से पहले मेडिकल अफ़सर ग्रुप–कैप्टन और विंग कमांडर को कहता है–

''ही विल लिव। बैक बोन, रीढ़ की हड्डी टूट गयी है।'' और एम्बुलेंस सायरन की तेज़, तीखी आवाज़ के साथ मिलिट्री हस्पताल की ओर बढ़ जाती है।...

रात का एक बज चुका है। विनय का ऑपरेशन हो गया है। मेडिकल कर्नल बाहर आता है। धावन, मिसेज़ धावन, मुक्ता, दादी और शर्मा के स्क्वाड्रन का, उसके विमान का तकनीकी सार्जेंट बाहर बैठा है। कर्नल कहता है–

''ही इज़ ऑल राइट। ठीक होने पर चार–पाँच महीने लग जायेंगे। विंग कमांडर, आप जाकर आराम करें। आपका वैमानिक सुरक्षित है। मिसेज़ शर्मा, आप दो मिनट के लिए अन्दर जा सकती हैं। फ्ला. लेफ्टिनेंट होश में है।''

मुक्ता अन्दर पहुँचती है।

विनय के माथे पर बड़ी–सी पट्टी बँधी है। केवल आँखें दिखायी दे रही हैं। शरीर में लगे ताज़े पलस्तर की ख़ुशबू आ रही है। मुक्ता बिस्तर के पास खड़ी है। विनय की आत्मा में उसकी आत्मा प्रवेश कर रही है। उसका चेहरा हिलता है, वह आँखें खोलता है। मुक्ता ग्लूकोज़ की ट्यूब लगे उसके हाथ पर हल्के से हाथ रख देती है। विनय की आँखों में हल्का–सा पानी तैर रहा है। दर्द हो रहा है अथवा.....! उसकी आँखें कुछ पूछ रही हैं। मुक्ता कहती है–

''थोड़ी देर पहले ही प्रधानमन्त्री ने घोषणा की है। युद्ध बन्द हो गया है। हमने बांग्लादेश मुक्त करवा दिया।''

विनय की आँखें बन्द हो जाती हैं। मुक्ता पास रखे स्टूल पर बैठ जाती है। उसे इन्तज़ार करने की आदत पड़ गयी है। विनय ठीक हो जायेगा। चलने–फिरने लगेगा। क्या हुआ अगर इस बार इन्तज़ार, यह प्रतीक्षा चार महीने अथवा पाँच महीने लम्बी है?

□□